ISBN: 9781407719771

Published by:
HardPress Publishing
8345 NW 66TH ST #2561
MIAMI FL 33166-2626

Email: info@hardpress.net
Web: http://www.hardpress.net

CUSTUMALS

OF

BATTLE ABBEY,

IN THE REIGNS OF

EDWARD I. AND EDWARD II.

(1283—1312).

FROM MSS. IN THE PUBLIC RECORD OFFICE.

EDITED BY

S. R. SCARGILL-BIRD, F.S.A.

PRINTED FOR THE CAMDEN SOCIETY.

M.DCCC.LXXXVII.

WESTMINSTER:
PRINTED BY NICHOLS AND SONS,
25, PARLIAMENT STREET.

[NEW SERIES XLI.]

INTRODUCTION.

A VERY complete and interesting picture of agricultural life in England during the latter part of the thirteenth century, a period at which the manorial system, introduced under the Saxon rule, had in its principal features apparently undergone little change, may be obtained by a careful study of the records of that date bearing on the subject of customary tenures.

First and foremost amongst these in importance and accuracy of detail may be ranked the *Inquisitiones Hundredorum*, or Hundred Rolls of 7 and 8 Edward I., in which are set out with marvellous minuteness the names of all owners and occupiers of land, the quantities they held, and the rents and services rendered to them by their under-tenants of every rank or degree. These rolls, however, are extant for five counties only: those of Bedford, Buckingham, Cambridge, Huntingdon, and Oxford; and for similar information respecting the remaining counties of England recourse must be had chiefly to the invaluable series of monastic chartularies and ledger books.

Few of these can, I think, be richer in minute details respecting the amount and value of the work exacted by the lord of the manor from his tenants, the conditions under which it was to be performed, and the quantity, nature, and pecuniary value of the recompense in food or otherwise, to which the tenants were frequently entitled, than the Records of Battle Abbey reproduced in the present volume, in which several of the southern and south-eastern counties are represented.

In date they are almost contemporaneous with the Hundred Rolls before mentioned, and it is not altogether improbable that they owe their compilation to the example afforded by the Royal Commission on which those rolls were founded. The frequent repetition therein of the phrase " ut dicunt " points, moreover, to the fact that they represent the result of a careful investigation made by direction of the monastic authorities on the testimony of the tenants themselves.

The volume from which they have been transcribed is a small quarto, entitled " Liber Regius de Bello," containing 110 parch-ment leaves or folios, and forming vol. 57 of the Miscellaneous Books formerly belonging to the Augmentation Office.

It is made up of several portions or fragments which have at some time been brought together, probably with the view of form-ing a complete custumal of the possessions of the abbey, but without any order or arrangement.

The main body of the volume (fols. 23–66 inclusive) consists of Rentals and Custumals of several Manors, most of which are without date but in the handwriting of the earlier portion of the reign of Edward I., slightly rubricated.

These appear to have formed portions of a complete custumal, part of which, however, seems to have been wanting at a very early period, the defect being to some extent supplied by the insertion of several folios of a smaller copy of the same custumal, evidently the original or draft from which the rubricated copy was transcribed. Thus, on folio 42 of the MS. the "Rents and Services of the Manor of Bromeham " break off suddenly with the note, in an almost contemporaneous hand, " Quære in alio parvo quaterno," the following folios, numbered 43 to 54, belonging to the "Parvus Quaternus" indicated by the note, and containing, in addition to the missing portion of the Rents and Services of Bromeham, duplicates of several of the other custumals. Two of these, relating to the Manors of Hoton and Brithwolton respectively, are dated in the twelfth year of Edward I., which may therefore be fairly assumed to have been the date, approximately, both of the original and rubricated copies.

This portion of the manuscript includes Rentals and Custumals of the following Manors, all of which are printed in the present volume, as far as possible from the portions of the rubricated custumal, those marked * appearing also in the draft or smaller copy:

    Alsiston, co. Sussex,

    Dengemarsh, co. Kent,

    Apledreham, co. Sussex,

   * Brithwolton, co. Berks,

   * Bromeham, co. Wilts (a portion in each copy),

   * Anesty, co. Hants,

   * Crowmarsh, co. Oxon,

   * Hoton, co. Essex,

    Wye, co. Kent.

The remainder of the volume is made up as follows:

Fols. 1–22. Transcripts in the handwriting of Edward III. of several Rentals, &c., which apparently belong to a much earlier period. These include:

Imperfect Rentals of several boroughs within the Hundred of Battle.

An imperfect Rental and Custumal of the Manor of Merle or Marley, co. Sussex, belonging apparently to the reign of

Edward I.; and an Extent and Custumal of the Manor of Bernehorne, co. Sussex, dated 35 Edward I.

Fols. 67–72. An Extent and Custumal of the Manors of Limpsfield and Brodeham, co. Surrey, dated 5 Edward II. (An imperfect copy of this extent appears in a later portion of the volume.)

Fols. 76–85. Rentals of the Manors of Limpsfield and Anesty, dated 15 and 24 Edward [III.] respectively.

Fols. 86–110. An Extent of the Manor of Hoton, and imperfect Extents of the Manors of Limpsfield and Brodeham, and of Wye, all of which belong to the fifth year of Edward II.

On the blank pages of the earlier portions of the MS. have been entered brief abstracts of Rentals and other memoranda of various dates, some of which are as late as the reign of Richard II., and many of the Rentals and Custumals throughout the volume have been corrected in later hands by the insertion of the names of new tenants and other alterations.

From the later portions of the manuscript the following documents have been selected for publication, so as to reconstruct as far as possible a complete Custumal of the possessions of the Abbey, at the same time avoiding any unnecessary repetition:

The Rental and Custumal of

Merle or Marley, co. Sussex,

and the Extents and Custumals of

Bernehorne, co. Sussex,

and

Limpsfield and Brodeham, co. Surrey.

The Rental of Wye has also been supplemented by an extract relating to the customs of that manor selected from a small volume of collections concerning Battle Abbey, belonging apparently to the reign of Henry III., and forming vol. 18 of the series of Miscellaneous Books before referred to.

In the present volume the several Rentals and Custumals are presented in the order in which they occur in the original manuscript, the various alterations and additions being indicated by italics.

An analysis of the several Custumals, &c., is subjoined, in which the general character of the services rendered in each manor is described in detail, with such notes and explanations of the text as have been considered necessary.

The principal features of the manorial system as therein illustrated may be briefly summarized as follows—it being premised that the manors under review being all subject to ecclesiastical lordship, the more servile tenures would probably in them be less liable to change or extinction than in manors owned by laymen, whose necessities would render them more eager to commute agricultural services into money payments than the ecclesiastics, whilst at the same time they would be less hampered by considerations of the interests of their successors. This is well illustrated by a comparison of the customary services detailed in the present volume with those specified in a later Custumal of Battle Abbey (*Aug. Off. Misc. Books*, vol. 56), compiled early in the reign of Henry VI., or about 150 years afterwards, which in many instances exhibit hardly any variation.

The manor itself appears to have consisted invariably of two portions.

(1.) The *Demesne Lands*, or lands reserved for the lord's own use and cultivated to a certain extent by his own teams and servants.

(2.) The *Assised Lands*, or lands let out to tenants, either on payment of rent alone or of rent in combination with certain services in cultivation of the demesne or otherwise.

The demesne lands generally included the woods and waste of the manor, in which, however, the tenants had rights of pasture under certain conditions. The cultivated portions of the demesne did not always form a farm by themselves distinct and separate from the lands of the tenants, but appear to have been frequently intermixed with them and scattered in various fields and closes or crofts. It is probable, however, that the lords of the manor endeavoured from time to time, as favourable circumstances arose, to consolidate the demesne by forming large enclosures.

In the Extent of Limenesfeld, for instance, part of the demesne is described as consisting of "acræ separales," lying in certain fields called Horscroftes, whilst another portion, containing 140 acres, is stated to be "infra unum clausum et procinctum"; and in the Manor of Merle most of the tenants were required to undertake a certain quantity of hedging called "Gavelmerke," which probably separated the assised lands from those of the demesne.

The tenants consisted of four principal classes, all of whom were required, proportionately to their holdings and condition, to assist, either personally or by deputy, in the cultivation of the lord's demesne. These were,

    1. Liberi Tenentes.
    2. Villani or Custumarii.
    3. Cottarii.
    4. Coterelli and Coteriæ.

The *Liberi Tenentes*, or "Libere Tenentes" as they are generally called, were sometimes, as their name implies, absolute freeholders, being at liberty to give up or transfer their holdings and to quit the manor at pleasure, and subject to no control by the manorial lord. In the manors under consideration they appear, however, to have been almost all what may be termed "customary freeholders," who, in addition to the performance of certain common services, were subject to the payment of heriots and reliefs on change of tenure, and probably consisted of such villani as had been partially enfranchised by the commutation of the greater part of their services into rent.

In many instances they were holders of comparatively small quantities of land, probably such portions as were from time to time severed from the demesne, or acquired by the assarting or reclamation of waste lands; and it occasionally happens that a villanus or customary tenant appears amongst the Liberi Tenentes as holding such lands in addition to those held by him in villenage.

The *Villani* or *Custumarii* included all those tenants above the rank of cottars who rendered common or villein services, and consisted of the "nativi" or villeins born on the manor, with such outside tenants or "forinseci" as held lands therein for which customary services were due.

The Nativi were so far serfs that they could not quit the manor against the lord's will, and were restricted from giving their daughters in marriage beyond the liberty of the manor, or from allowing their sons to become priests, and even from selling their cattle without the lord's license, for by any of these acts his interests might be prejudicially affected.

The tenants in villenage are variously designated according to their holdings, in some manors the tenures being much smaller than in others. Sometimes they are classified as Liberi and Nativi only, the number of acres held by each being severally specified, whilst in others the minor sub-divisions are noticed. In that of Bromeham, for instance, the following distinctions are given :—

> Liberi Tenentes.
> Virgarii or Majores Erdlinges.
> Minores Erdlinges.
> Half-Erdlinges or Majores Cottarii.

Minores Cottarii.

Cotteriæ.

The *Cottarii* were ranked apart from the customary tenants, although they frequently rendered similar services, and were under the same restrictions as the Nativi. As a general rule the Cottarius held about four acres of land, though in some instances tenants of as much as fifteen acres are thus described.

The *Coterellus* was a smaller cottar who seldom held more than one or two acres, whilst the *Cotteria* appears to have been a cottager without land at all.   It is probable that both these classes served as labourers under the larger tenants.

The services to be rendered by the tenants were of four kinds.

1. *Precariæ,* works done by special request or " ad precem."

2. *Opera Diurna,* daily works or " week-work," consisting of so many days a week.

3. *Averagia,* or carrying services.

4. *Occasional works,* as in thrashing, mowing, sheep-shearing, &c.

The Precariæ were required at the seasons of ploughing and harvest.   There were two " Precariæ Carucarum," one at the Winter and one at the Lenten ploughing and sowing, to which all the tenants who possessed any part of a team were generally summoned. Each tenant was frequently bound to plough in addition one acre in summer for lying fallow.

The harvest or autumnal Precariæ were usually of three days' duration; on the second day and also on the third, or " Magna Precaria," an increased attendance being generally due.   A fourth Precaria was sometimes added called " Hungerbedrip," probably because on thát occasion food was always supplied by the lord.

In the Manor of Hoton the tenants say that at the close of the third Precaria they were " solemniter depasti," a phrase which suggests the modern harvest-supper.

The Opera Diurna, or daily works, were as a rule required in their full extent only from the Cottarii and minor tenants.

Occasionally, however, the Virgarii also performed partial work of this kind, for which they generally received a reduction of rent.

Full week-work usually consisted of three days a week from Michaelmas to the following August, and from August 1 to Michaelmas, of five days a week, Saturday being always excepted. In partial week-work the tenant worked only from morning till noon, or from noon till evening during the foregoing period. From the smaller cottars only one day's work a week appears to have been required.

During the weeks of Easter, Pentecost, and Michaelmas daily works were generally discontinued, except in cases of necessity.

The Averagia or services in carrying formed a very important branch of the manorial customs, and must have pressed on the tenants rather severely, as, in addition to the ordinary farming operations, they were frequently called upon to undertake long journeys from town to town, or from the outlying manors to the Abbey with salt, herrings, corn, and other provisions.

In the Manor of Wye ten Averagia of corn and barley to Battle were performed every Saturday, each consisting of half a seam or four bushels of grain, the total amount carried consisting of 264 seams or 2112 bushels.

The Occasional services were of various kinds and degrees, consisting, *inter alia,* of an additional day's ploughing, generally called " Graserthe " or Graze-earth, one or two day's hoeing, mowing in the lord's meadow and lifting and carrying the hay, reaping and binding an additional acre at harvest-time, carting and spreading manure, sheep-washing and shearing, thrashing, and various minor services such as ditching, carrying the lord's sheepfold when required, and gathering nuts, &c. &c.

In addition to their rents and services various dues were also
rendered by the tenants in villenage, as of hens and eggs at
Christmas and Easter respectively, cherset or churchshot, hearth-
penny, Romescot, &c. &c., which are noticed more fully in the
Analysis.

It would be foreign to the scope of the present Introduction to
attempt a comparison of the status of the English peasant of the
thirteenth century with that of his modern compeer, but a careful
perusal of the details now brought forward can, I think, hardly fail
to impress on the reader that his condition was not one of such
abject serfdom as is often supposed. The services which he was
bound to render to his lord were neither excessive in quantity nor
without a certain amount of recompense, especially in the matter of
food, the supply of which appears to have been on a most liberal
scale. In the case of some of the minor services the food is indeed
occasionally stated to be worth more than the work, and the lord
to be a loser in consequence. Those who filled the several offices
of præpositus or foreman, carucarius, shepherd, swineherd, &c., and
who were generally chosen by the lord of the manor from the
customary tenants, had due allowance made to them either in
reduced rental or in exemption from other services, in one instance
the lord even undertaking to plough for two of such officers a
certain number of acres with his own team whilst they were, it may
be supposed, occupied in his affairs. With the one exception of the
restrictions imposed on the personal liberty of most of the villein
tenants, the reasons for which are, however, obvious, the manorial
system appears in fact to have constituted originally a fair and
equitable scheme of co-operative industry, and to have maintained
that character to a great extent throughout its subsequent modifica-
tions.

If I have succeeded in placing the materials contained in the present volume before the reader in a clear and intelligible form, the task I have set myself will be accomplished, and I shall be content to leave to other and abler hands the construction of the historical edifice, for which I trust they will be thus rendered more easily available.

The much-abbreviated Latin of the original MS. has been, as far as possible, extended in the transcript, and I venture to hope that, with the aid of the glossary at the end of the volume, a mass of interesting information will be thereby thrown open to the general reader to whom the Latin of monkish scribes, in its original garb, is often a comparatively unknown tongue.

A few errata, which have almost unavoidably crept into the text, are noticed at the end of the Analysis, to which the attention of the reader is now invited, in the hope that its perusal may be sufficiently interesting to lead him to a closer study of the text than the limited amount of time at my disposal has permitted.

S. R. SCARGILL-BIRD.

Public Record Office,
December, 1886.

ANALYSIS AND NOTES.

MERLE OR MARLEY, CO. SUSSEX.   Pp. 1-16.

The Rental and Custumal of Merle is without heading or date and appears to be a transcript, made about the reign of Edward III., of a much earlier Custumal in which many corrections and additions have been made by the insertion of the names of new tenants, &c. In the present volume these alterations are indicated by being printed in italics.

It commences with an account of the rents due from certain tenements described as " Terra Bovis " (consisting apparently of lands, &c., formerly belonging to the fee of *Walter de Bœuf,* one of the early benefactors of the Abbey), and from lands in the hands of the Custos or Keeper of Merle, for the rent of which he is responsible.

Then follow the names and tenures of 16 tenants in villenage, subsequently described as " Nativi," who hold between them $9\frac{1}{2}$ wistas or virgates, the rents and services due from each being fully described, as also those due from $3\frac{3}{4}$ wistas " devoluta " or fallen in to the Manor, for which the Custos performs the services, and from $\frac{1}{2}$ wista " included in the new park of Bromeham."

The term " Wista " seems to be peculiar to some of the Sussex manors and is equivalent to the " Virgate " of other counties, as appears from the following memorandum, in a somewhat later hand, on folio 60 of the MS. :

"Nota quod virgata terræ et wysta idem sunt et unum significant: Virgata seu wysta est sextadecima pars unius feodi militis: Quatuor virgatæ seu wystæ faciunt unam hydam : Quatuor hydæ faciunt unum feodum militis."

There were also " Magnæ Wistæ," each of which appears to have been, as regards services at least, equivalent to half a hide. (*Vide Custumal of Alsiston*, p. 29.)

Most of the foregoing tenants in addition to their rent paid Herthyeld and Romescot, that is, Hearth-penny and Peter's Pence, and also a stated sum, " ad stipendium Præpositi."

The following, with occasional slight variations, were the services due from each tenant of half a wista or virgate, the tenants of entire wistas rendering double services.

It will be remarked that in this Manor loaves and herrings appear to have been regarded as the standard of value, 4 loaves " de majoribus," or 6 " de minoribus," and 12 herrings being each equivalent to 1 d.

As, however, in some cases the fractional part of a herring is brought into requisition to represent the amount of recompense due for certain services (one tenant being entitled to receive a loaf and a quarter and *the fourth part of three herrings*), the payment could hardly have been made invariably in kind.

To carry 2 ambræ, 2 bushels and a half of salt (*i.e.* 10½ bushels), receiving therefor 7 loaves and a half valued at 1¼ d. ;

To carry 1000 herrings from Winchelsea, Hastings, or Bolwareheth, to the Abbey, receiving 2 loaves and 6 herrings valued at ¾ d.;

To plough an acre and a quarter of land (the ploughing of an acre being valued at 12 d.),* receiving 2 loaves and a half and 7 herrings and a half, valued at 1d.;

To find a man to mow and spread hay for two days, receiving each day 2 loaves and a half, soup, drink (generally 1 gallon), $\frac{1}{2}$ a dish or mess of meat (medietatem unius ferculi), and cheese, valued altogether at 2 d. per diem ;

To carry 3 loads of hay from the meadow to the Abbey, receiving 3 loaves and 9 herrings or whitings (merleng') ;

To provide a cart with two oxen to carry the manure from the Abbey (a service which usually occupied two days), and on the second day to find a labourer to fill the cart, the driver and labourer receiving their food in the common hall ;

To find one man to work in the garden or elsewhere for 30 days during the year, a whole day's work between Michaelmas and Hockday being reckoned as a work and a half, and between Hockday and Michaelmas as two works, each work being valued at $\frac{3}{4}$ d., and the tenant receiving for the whole 32$\frac{1}{2}$ loaves, value 8 d.

To enclose 5 rods (virgatas) of fence called " Gavelmerke," † receiving 1 loaf and 3 herrings.

The value of the foregoing services, exclusive of the food, is estimated at 6 s. per annum.

Several of the tenants were in addition to attend two " precariæ carucarum " in the year, that is to say, the Winter and Lenten ploughings respectively, " cum caruca sua," with their plough-teams; those, however, who did not possess an entire team were to send all the oxen they had with one man in charge thereof, who,

---

* The value of this service appears to have been greatly over-estimated. In the Extents contained in the present volume the arable land is generally said to be worth only from 5 d. to 12 d. per acre. This may however represent the nett value, over and above the expense of cultivation.

† It seems probable that the term " Gavelmerke" indicates the division or boundary between the " gafol-land," or land let to the tenants and the lord's demesne.

if not employed as a ploughman, was to perform whatever services were required of him until the teams were discharged, " usque ad disjunctionem carucarum."

Moreover, all the aforesaid " nativi " were to carry one half the Abbot's wine from Winchelsea to Battle, the Custos of Merle providing for the carriage of the other half.

The amount of wine to be carried was estimated at 15 casks in ordinary years, the tenants contributing to the performance of this service in proportion to their holdings, one providing " a man and two oxen," another " half a man and one ox," another " half an ox," so that considerable ingenuity must have been exercised in carrying out the co-operation.

For the carriage of each cask, which was valued at 5 s. the tenants were to receive 40 large loaves worth 10 d. and six-score herrings worth 10 d., the carriage of a cask being thus worth 3 s. 4 d. clear, and the whole service worth 50 s.

BERNEHORNE, Co. SUSSEX. Pp. 17-25.

The Rental or Custumal of Bernehorne is preceded by an Extent or Valuation of the Manor dated 35 Edward I., from which the *Demesne* appears to have consisted of

464 acres 3 roods of arable land ; *
13 acres 1 rood of meadow ; and
12 acres of wood.

The arable land is subdivided into " Terra Maritima," land near the sea-shore, or salt marshes, of which there were 167 acres 3 roods, valued at 12 d. per acre;

" Terra Brocalis," woody or marshy ground, of which there were

* By an error in the original MS. this total is given as 444 acres, 3 roods.

101 acres, said to be worth 4 d. an acre; but, "si fuerint competenter assewiatæ," if they were sufficiently drained, each acre would be worth 10 d.;

And "Terra Susana, et Campestres," unsound and uncultivated lands or flats, worth from 3 d. to 6 d. an acre, of which there were 196 acres.

Besides the foregoing, there were 193 acres of *Assised lands*, of which:

> 8 *Liberi Tenentes* held together 48 acres, 40 acres being held by one tenant;
>
> 7 *Nativi* held 132 acres; and
>
> 18 *Coterelli* about 13 acres.

Three of the Nativi held each a messuage and 30 acres of land, and from each of them the following services were due:

To harrow for 2 days at the Lenten sowing, with one man and his own horse and harrow, receiving 3 meals each day (the work is valued at 4 d. and the food at 5 d.* " et sic erit dominus perdens 1 d.")

To carry manure for two days, with a cart and two oxen, receiving food as before;

To find a man to mow for two days receiving food as above; it is estimated that he can mow 1½ acres in the two days;

To gather and lift the hay so mown, receiving 2 meals for one man;

To carry the lord's hay for one day with a cart and three of the tenant's own beasts, receiving 3 meals as before;

To carry beans or oats for two days in the autumn, and wood for two days in the summer, in the same manner and with the same food as before;

To find a man for two days to cut down heath, receiving 3 meals a day (this service is also stated to be of less value than the food);

---

* The value of the meals is given in the original MS. as iij d., which, by comparison with subsequent entries, is clearly an error; the figures moreover are written over an erasure and appear to be a subsequent interpolation.

To carry away the heath when cut, receiving 3 meals, valued at 2½ d. ;

To carry wheat to Battle twice in the summer, on each occasion half a seam or load, for which he is to receive each time one meal, the value of the food being 2 d.

It will be observed that no mention is made in the foregoing services of either ploughing or reaping ; this may be accounted for by the uncultivated character of the greater portion of the demesne, for the rest of which the lord's own teams would probably suffice.

All the *Nativi* were forbidden to give their daughters in marriage (beyond the limits of the manor), or to cause their sons to become priests (facere filios suos coronari), without the licence of the lord ; nor could they cut down the timber growing on their several tenements without the licence and approval of the Bailiff or Sergeant of the manor, and then only for building purposes.

On the death of any Nativus the lord was to receive his best animal as heriot (but if he had no living animal no heriot was taken), and a year's rent was to be paid by his heirs as a fine " pro ingressu."

The *Coterelli* rendered no services on their own account, being probably labourers under the larger tenants, but were subject to the same restrictions as the Nativi and also to the same heriots and fines.

A similar extent is appended of certain tenements belonging to the Manor of Bixle acquired from the Bishop of Chichester.

ALSISTUN, Co. Sussex. Pp. 26-41.

In the Rental of Alsistun 15 customary tenants are specified, 9 of whom held half a hide each, the remaining tenures being as follows:

CAMD. SOC. c

1 hide,

½ hide and 1 wista,

1 wista and one great wista,

3 wistas and 1 great wista,

1 wista,

1 wista.

The Præpositus of the Manor also held 1 wista, for which he rendered no service so long as he retained his office.

The following services were due from each half-hide and one-half thereof from each wista or quarter-hide:

Every half-hide owed to the lord, on every working day, the services of one man, who was to do whatever should be required of him; the amount of labour representing a " fair day's work " being thus specified :

If thrashing was required three men ought to thrash in a day half a seam and half a bushel (= 4½ bushels) of corn, or two men half a seam (4 bushels) of barley, or each man 6 bushels of oats ; and of beans and vetches the same quantity as of corn ;

They were to thrash in whatever barn they might be directed to do (so long as it was within the boundaries of the manor), and to winnow what they had thrashed and carry it to the granary, and if it were far to the granary to employ their cattle in carrying it ;

If ditching (opus fossorium) was required, two men were to make in a day 1 perch of new ditch, 5 feet in width, or each man to repair 1 perch of old ;

If other work was required of them they were to work until their fellows had finished their work in the barn ;

In ploughing and harrowing they were to work till it was time to unharness the plough;

When they had to break clods (torrare), to wash or shear sheep, to hoe corn, and to mow or gather hay, they were to work the whole day except the dinner-hour ;

In addition to the ordinary day-work each half-hide was to find a man for one day to gather the hay ; and also a man to mow and cock hay for one day ; and they were to carry the whole of the hay, each half-hide with two oxen ;

If necessary each half-hide was to find two men to reap in the lord's field, receiving therefor every tenth sheaf,—or, if the lord should prefer it, each half-hide was to reap in a day an acre of corn or oats or half an acre of barley or vetches with as many men as they chose, receiving every tenth sheaf;

They were to carry all the corn, each half-hide with two oxen;

Also each half-hide was to find two men and two oxen to cart manure till it was all carted away;

To plough one acre for corn once and to sow half of it, providing the seed;

To plough one acre for barley twice, and two acres for oats once, to carry the seed for the same from the granary to the field, and to harrow the same;

Every half-hide was also to carry 4 loads of wood yearly to the lord's hearth, and when he was building, a cart-load of timber;

If it were necessary to fetch grain from Seford or elsewhere near, each half-hide was to go with one beast twice a-day, or if further, once a-day, such service being reckoned as one day's work;

Each was also to provide and make four rafters (cheveruns) with the appurtenances, and the roofing for the lord's sheep-cote (ad hlosam domini), except with great timber, this being reckoned as two days' work;

Also to carry to Battle every Monday; if, however, the tenant's mare was dead or foaling, he was to be quit from one " averagium," but he was to work instead.

The tenants were also to carry wheresoever and whensoever required, but, unless they could return home at nightfall, at the lord's expense; and when they were employed in carrying service or in ploughing they were free from day work; and, in autumn, if they had carried three loads of grain and were hindered by the rain from carrying more, they were quit of work for that day; but if less than three loads, they were to thrash or to perform any other work that might be required of them.

The two *Great Wistas* were to render the same services as half a hide except that they did not reap nor thrash ; each of them was, however, to fetch a cart-load of timber for making ploughs ; and upon them devolved the duty of sheltering the guests of the Abbot or of the monks and their horses ; they were also to drive the lord's swine to and from the wood at Battle or Limenesfeld.

There were also 4 *Cottarii* in Alsistun, whose holdings are not specified, from whom the following services were required:

From Michaelmas to hoeing-time (usque ad tempus sarculationis) to perform two days' work a week, namely on Monday and Wednesday, and (as they say) to do no other works except to thrash, to break clods, and to spread hay when necessary ;

At Christmas each was to carry to Battle 12 hens, and at Easter 250 eggs, and they were to be free from work for 12 days at Christmas and "a die Paraceves," from Holy Friday to the Octaves of Easter ;

They were to hoe whenever there was anything to be hoed, to attend the sheep-shearing, and at hay-time and harvest each to find one man for the whole time.

Four more *Cottarii* were to assist in getting in the hay and to have 4 days' food each ; three others to perform the same service with two days' food each; and one more to stack grain, receiving food for two days.

The tenants of 6 half-hides in Teletun, 1 in Cloppham, 1 hide and 4 half-hides in Lullinton, and 5 half-hides in Alurichtun, rendered similar services to those of the half-hides of Alsistun, all the tenants being moreover required, whensoever they brewed, to send to the Court of Alsistun a pitcher of ale holding at least 2 gallons, receiving in return a small loaf.

There were also 15 tenants in Blechintun, two of whom held half hides, 9 one wista each, and 4 half a wista each.

These in addition to their rents owed, in common, 11 d. at the Feast of St. Thomas towards the repair of the sheep-cote ;

They were to find 11 men to carry hay from the Brocus de Lullinton for one day;

To perform 12 "averagia" of corn from Seford to Alsistun; and, in common, to plough 1½ acre about the Feast of the Purification (Feb. 2); but because they were a long way from the Abbot's demesne they were accustomed to compound with the Bailiff of Alsistun for the said ploughing by a fine of 3 s. and afterwards of 4 s.

Two other tenants holding half a wista each owed in addition to their rent 1000 herrings at Lent, to be chosen by the Serjeant or Bailiff and carried by them to the Court of Alsistun (afterwards commuted into a payment of 13 s. for both the rent and the herrings).

In Bocholt four tenements are described as being held by "Tenentes de Boscagio," and probably consisted of assart lands.

Two of these tenants held jointly one wista, and in addition to certain other services are stated to owe "in Quadragesima l. Tyndag'."

In the Extent of Limenesfeld (p. 150) the Semen Quadragesimale or Lenten sowing is called "Tyndesawe." It is possible, therefore, that the "Tyndag" in the passage above quoted means a day's sowing in Lent, and that l. has been written in error for j. in transcribing this portion from the original or draft custumal.

DYNGEMARIS, CO. KENT. Pp. 42-52.

In the Rental of Dyngemaris or Dengemarsh, which was a member of the Manor of Wy, a list is given of the tenants, with the rents paid by them at the four usual terms, but the amount of their respective tenures is not specified nor are the tenants classified in any way. It may be noticed that in many instances the rent is stated to be due from a certain tenant, "et participes ejus," thus indicating the existence of joint tenures.

In addition to his rent each tenant paid " Hertheld," or Hearth-penny, at the Feast of St. Thomas the Apostle, and Romescot, or Peter's Pence, at that of St. Peter ad Vincula, the latter payment being generally so much " cum uxore," but occasionally " cum uxore et sine." Several of the tenants also paid 2 d. at Michaelmas as " Turfeld."

The rental concludes with the rents due for " kydellis," *i.e.*, kiddles, a species of fishing-net.

The services and customs of this manor appear to have been of the slightest possible description.

The tenants say that there were 36 acres of " Gavelmed " in the manor, and that whoever held an acre of Gavelmed was entitled to a reduction of 2 d. from his Michaelmas rent.

Those, however, who held the Gavelmed were to do an aver-agium twice a year if the Abbot should come there, that is, they were to find 12 horses, with men in charge thereof, to carry bread from Wy but not to carry liquor; but from Romenal and Wynchel-sea they were to carry all kinds of victals, including ale.

The *Cotarii*, moreover, were each to carry 4 gallons of ale or wine from Winchelsea or Romenal, for which they were to have pasturage for five sheep and their other animals on a certain portion of the cliffs (" à Chrokepole usque Bocteswall ").

If, however, the lord did not come, each of the aforesaid tenants was to pay 1 d. per annum in lieu of the said service.

Each tenant of an acre of " Gavelmed " was to have 16 sheep on the cliff, within certain metes and bounds, and those who held less than an acre a proportionate number.

From the time of the Annunciation (Mar. 25) till after the mowing the meadows of Gavelmed were " in defenso."

It is stated, however, that the above-mentioned averagia, both by the Custumarii and others, must be taken into consideration, inasmuch as they (the tenants) claim pasturage on the cliff whether they render such services or not.

APELDREHAM, Co. Sussex. Pp. 53-57.

A Custumal only of this Manor is given, the tenants being classified as *Yherdlinges, Cottarii Majores,* and *Cottarii Minores.*

Ten tenants holding from a virgate to $1\frac{1}{2}$ virgate each are described as "Yherdlinges."

These were to plough 22 acres for wheat and 22 for oats, and to harrow them, and meanwhile to do no other services ;

When that had been done they were to find daily two horses for harrowing so long as the lord had anything to sow, receiving two meals a day, and their horses a double handful of provender ;

They were to render carrying service whenever necessary from La Delle to the Manor Court, and from the Manor to Chichester and back again if need be, but not to pass the gates of the city unless by their own wish ;

They were also to carry to Winchester every year on the arrival of the Chamberlain of Battle, and to bring at their own expense the Chamberlain's goods to Alsiston ;

The Præpositus, however, was quit from all carrying service ;

They were also to plough for lying fallow (warectare) 11 acres in summer ;

Each holder of a virgate was to cart manure sufficient for half an acre, and to spread it, and the others more or less in proportion to their holdings ;

All the custumarii were twice a year, if called upon, to do a *benerthe* or ploughing service, that is those who possessed plough-teams or any part thereof ;

They were also to hoe $5\frac{1}{2}$ acres of corn, $5\frac{1}{2}$ acres of barley, and as much of oats, and to reap and bind and stook (coppare), and to carry throughout the autumn as often as called upon ;

Every tenant of an entire virgate was to find two men to reap at each of the three autumn precariæ, receiving each day a specified quantity of food, that is to say, each was to have a loaf of the weight of 18 lbs. of wax* (et habebunt singuli singulos panes ponderis xviij^{li} cere), and every two (duo duo) a dish of meat of the value of j d. and soup or broth at the first precaria ; at the second, however, the bread was to be half of wheat and half of barley, but at the third entirely of wheat. At a fourth precaria, called " Hungerbedrip," all the lord's tenants (with one exception) were to find one man who was to receive food once a day ;

Each tenant of a virgate was also to thrash, winnow, and carry to the granary four bushels of wheat, and if necessary to sow whenever called upon.

Nine other tenants are described as " Cottarii Majores," each holding 4 acres.

These were to perform three days' work a week, from the Feast of St. Matthew to that of St. Peter ad Vincula (Sept. 21 to Aug. 1), except in the weeks of Christmas, Easter, and Pentecost, during which time they were only to thrash out sufficient forage for the beasts if it should be necessary to do so ; from Aug. 1 to Sept. 21, however, they were to work every day except Saturday.

A day's work in thrashing comprised a " werkhop " (2½ bushels) of hard grain, that is to say, of corn, beans, or vetches ; but two " werkhops " of barley, and of oats four.

Three " lyneæ " of manure were to be spread as two days' work ; and in gathering straw or stubble 50 sheaves were to be gathered as a day's work, one sheaf being retained by the tenant.

The foregoing tenants were all to break clods for one day after dinner (post prandium).

They were also to carry the lord's sheepfold wherever required, and to raise it, each carrying two hurdles with the stakes.

* By the Assize of Weights and Measures (*Stat. of the Realm*, vol. i. p. 204) it was ordained that an English penny sterling should weigh 32 grains of wheat, "dry in the midst of the ear" ; that 20 pence should make 1 oz., and 12 oz. or 20 sterling shillings one pound—that is to say, a pound of pence or of spices, confections, &c. A pound of all other things, however, amongst which *wax* is specially mentioned, consisted of 25 shillings or 15 oz.

Whosoever possessed a cow was to reap and bind an acre for the said cow.

The " Cottarii Minores " were six in number. Their services were similar to those of the other Cottars, but each of them did only one day's work a week ; and in carrying the sheepfold they carried only one hurdle each.

All the Cottarii were to render at the three first precariæ in autumn the same services as the holders of Virgates.

Moreover, all the customary tenants were to mow, spread, gather and carry the hay from the meadow of Suthmed, and to have 6 bushels of corn and two sheep " de consuetudine."

They were also to wash and shear the lord's sheep, and to have the " lockes de ventre."

The " Bercarius," who was one of the Cottarii, had the care of the lord's sheep, and was quit of all works in the meantime, except harvest work in autumn.

The lord of the manor was bound to plough with his teams for the " Bercarius " and " Porcarius," respectively, two acres at the winter sowing and two at the Lenten sowing, and each of them was to reap and bind an acre of corn, an acre of barley, half an acre of beans, and an acre of oats.

Four tenants held " Coteriæ," or cottages only, for which they owed the services of one man at the " Hungerbedrip."

Brithwolton, Co. Berks. Pp. 58-71.

In the Rental and Custumal of Brithwolton the rents and services of the *Liberi Tenentes, Virgarii, Cottarii*, and *Cotteriæ* are severally specified. Then follows an enumeration of the rents due from a certain tenement called " Tenementum de Fraxino," held by the Abbot on lease from Elyas, filius Alwyni de Limenesfeld, in exchange for certain other tenements, and of rents and services in Hertle and Covenholte belonging to the said manor.

Under the heading " Isti tenent libere " appear the names of six tenants, two of whom (who held portions of the tenement de Fraxino above referred to) are further described as " Villani Domini." A third tenant was the parson of Brithwolton, who held a virgate of land at the annual rent of 1 s.

The first named of the aforesaid free tenants, who held 14½ acres of assart lands, was to attend the three autumnal Precariæ, the first by one man, the second by two, and the third with his whole household, and also to come with his plough-team to three Precariæ at the bidding of the serjeant.

The parson and one other tenant were to have the whole of their households present at the Great Precaria in the autumn; nor was any one to reap on the day in which the lord held the Great Precaria, except in the lord's field.

Ten " Virgarii " held each a virgate of land at a rent of 5 s. 4 d. per annum. In addition each held in common an acre of " Greneholte," for which he paid a further sum of 4 d. per annum.

Every Virgarius who had cattle for ploughing, " whether an ox, a mare, or a cow," was to plough half an acre in winter, and in summer half an acre for fallow, the said ploughing being called " Grasacra " ;

He was also to plough and harrow an acre called " Nedacra," *although he had no animals for ploughing*, or else to give three hens and a cock as churchshot, whichever the lord should prefer ; and each of them was to give for every animal he had of the age of two years and upwards a penny at the Feast of St. John the Baptist, which was called " Lesselver" ;

Each was to come to three Precariæ with his plough-team at the bidding of the serjeant; those who had an entire team ploughing an acre in winter, another in Lent, and a third in summer for lying fallow, and those who had less than an entire team ploughing and harrowing in proportion ;

Each of them was also to find a man to wash and shear sheep when necessary, and one man to hoe for three days from morning till evening,

They were together to mow the whole of the lord's meadow land, and (with the aid of the other customary tenants) to carry the hay; for this they were to receive a sheep (the lord taking the right shoulder), and to have salt for the salting thereof;

Each was to send one man to the first autumnal Precaria, two to the second, and to attend the third with his whole household; and to carry the lord's corn to the Court for one whole day in the autumn;

They were also to gather nuts "ad medietatem," *i.e.*, retaining half the quantity gathered; to give pannage for their swine; and to carry the lord's sheepfold at the bidding of the serjeant, three times a year, wherever required.

For none of the foregoing services were they to receive any remission of rent.

If day-work was required of them, each was to work from the Feast of St. John the Baptist to Gula Augusti (June 24 to August 1), every other day—and from August 1 to Michaelmas, every day—from morning till noon.

In reaping each was to reap and bind half an acre as a day's work, and to receive a sheaf of the grain "per corrigiam unius rectæ ulnæ et unius quarteriæ illius," such as could be contained in a band of the length of an ell and a quarter.

If the said day-work was fully performed each was to have a reduction of 12 d. from his rent.

Seventeen tenants are described as "Cottarii," each of whom held half a virgate at a rent of 2 s. 4 d. per annum, or by the performance of the services below described. Two of them paid an additional 2 s. per annum to escape the work. Each tenant also paid 4 d. in addition to his rent for an acre of "Greneholte," held by him in common with the others, but no remission was to be made of this sum for any services rendered.

If the aforesaid tenants did works they were to work from Michaelmas to August 1, every other day except Saturday—and from August 1 to Michaelmas, every day except Saturday—from morning to noon : for this each was to receive a reduction of 2 s. of his rent.

If any of them should be chosen by the lord as Carucarius, or to any other office, he was to have a reduction of 2 s.

Each of them was to give 3 hens and a cock as churchshot (cherset), and to give pannage for his swine.

They were in addition to wash and shear sheep, and to perform the other services rendered by the Virgarii, except that they did not plough the " Benacre," nor carry in the autumn, nor mow nor harrow; for these " common services " they were not to receive any reduction of rent.

It will be observed that the day-work, although its full performance resulted in almost annihilating the rent, could not be escaped without a heavy additional payment.

Twenty-eight tenants, stated to be " also Villani," held assart lands called " Gavelland " at fixed rentals, and without special services.

There were also four tenants of " Cotteriæ " under like conditions.

No customary tenant was to have any relaxation of rent for lands held by him " de assarto " or " in communi de Greneholte," in consideration of any office held or service rendered.

All the tenants of the manor, *both free tenants and others*, were to plough at three " benerthes," and those who had plough-teams, whenever called upon.

All the Virgarii and the tenants of assart lands were to harrow in Lent at the bidding of the serjeant, and he who had no horse (except in the case of the Cottarii) was to procure one for the purpose; for this they were to receive food once a day.

All the tenants, " tam liberi quam servi," were to give the usual attendance at three autumnal Precariæ, receiving their food twice a day.

The following were the customs of this manor with regard to the appointment and remuneration of the several manorial officers:

The *Præpositus* or " Foreman " might be chosen by the lord of the manor from the customary tenants. If he held an entire virgate his rent of 5 s. was to be reduced by 3 s. 4 d. or two-thirds, and he was also to be released from two-thirds of the services due for the said virgate, both in ploughing and other work, except from ploughing the " Grasacra ";

He was to have an acre of corn (not manured) by the delivery and at the discretion of the serjeant ; and at Christmas, Easter, and Pentecost, and throughout the autumn, he was to have his food;

If the lord of the manor wished to have a *Carucarius* or ploughman from amongst the customary tenants, whether from the Virgarii or the Cottarii, a reduction of 2 s. only was to be made from the rent of the said ploughman;

Each carucarius was, however, to have the use of the team held by him every other Saturday ; but if hindered by the rain or by its being a feast day he was not to take the following Saturday, but to wait his turn, the day so lost being accounted to him as a day's work in ploughing;

The Carucarii were also to have the first acre sown by them with barley (bericorn), and their breakfast (jantaculum) on the day they began sowing, and their food on Christmas and Easter Day;

The *Woodward* was to be chosen from the Virgarii;

He was to have charge of the lord's wood and of his swine, and had a reduction of 3 s. 4 d. from his rent. For his care of the swine he was to have four bushels of barley and his food on three occasions, like the Præpositus, and was also to have, at the Feast of St. Martin, a pig's fry (intestina unius porci præter adipem illius);

The *Messor* (Reaper), if chosen from the customary tenants, was to have a reduction of rent of 2 s. and his food on the same occasions as the

Præpositus; for watching the lord's grain at night in the autumn he was to receive one sheaf daily so long as the reaping continued, of the girth before specified;

The "Custos Multonum," or keeper of the wethers, if chosen from the customary tenants, was to have a reduction of rent of 2 s., and "the profit of the fold" for twelve days at Christmas. He was also to have forty sheep pasturing with those of the lord, a fold for his own sheep, a fleece called "Belwetheresfles," his food at Christmas and Easter, and an acre of "terra fricta" (land broken up for cultivation) next to his pasture, to be sown by him if he liked;

It was not the custom to choose a "*keeper of the ewes*" from the customary tenants, although the lord might choose his Præpositus and other officers either from the Virgarii or Cottarii, or from the tenants at will of assart lands, for they were all villani and of servile condition, nor could they give their sons or daughters in marriage beyond the liberty of the manor, or sell their cattle without the lord's licence.

NOTE.—It was the custom for the Virgarii to thrash out provender for the lord of the manor whenever he should pass that way, and also for those who hoed corn for three days to have their food twice a day; that is to say, at noon, barley-bread, soup or broth, and whey ("serum," or in French, "mege" or "maige"), and in the evening bread and whey.

Twenty-three tenants in Hertle (co. Berks) and Covenholte (co. Hants) rendered no services because they paid an increased rent; they were, however, to give pannage for their swine, and could not give their daughters in marriage nor sell their cattle without the lord's licence.

The rent of one tenant in Covenholte is said to be divided by the other tenants amongst themselves " ut eos defenderet contra nocentes patriotas in comitatu suo "—in consideration of his defending them against evil-doing natives in their county.

This appears to mean that, being far away from the jurisdiction of the lord of the manor to which they belonged, they were compelled to rely on their own resources for protection against evil-disposed neighbours. The form which this protection assumed is, however, a question which affords scope for rather curious speculation.

BROMEHAM, Co. WILTS. Pp. 72-82.

The tenants in the Manor of Bromeham are classified under the several heads of *Liberi Tenentes*, *Majores Erdlinges* or *Virgarii*, *Minores Erdlinges*, *Half-Erdlinges* or *Majores Cottarii*, *Minores Cottarii*, and *Cotteriæ*, but the extent of their respective holdings is not specified.

The *Liberi Tenentes* were 12 in number, six of whom were quit by their rent from all common services, but owed a heriot and relief; and " their tenants," if they possessed a plough-team or any part thereof, were to plough a " grasacra " at the winter ploughing.

The remaining six were to plough one " grasacra " each, to carry the lord's hay, and also to carry each a specified quantity of grain; they also owed a heriot and relief, and their tenants, if they had animals for ploughing, were to plough the "grasacra " in proportion to the strength of their teams.

Of the *Majores Erdlinges* or Virgarii there were five, each of whom paid in addition to his rent 4 d. per annum as " horsgabulum," or horse-gafol.

Each of these was also to plough, harrow, and sow with his own corn one acre called " Grasacra ";

To plough two " werkacras " in winter;

To provide a man to do four " deywynes " or day-works after Michaelmas Day, working from morning till noon;

To wash and shear sheep with the other custumarii, each by one man;

To cart manure wherever required, those who possessed carts with their carts, and those who had none providing a labourer daily;

To provide a man to mow for three days from morning till noon in the meadows called Formed and Thochmed, and, together with the other Custumarii, to lift and carry the hay of those meadows;

To reap and bind one " Nedacra " in autumn;

To provide two men each day at the three autumnal Precariæ, called " Nedbedrypes," who were to reap from noon till evening;

To carry 12 cartloads of grain (4 " de monte " and 8 " sub monte ") and to give pannage for their swine.

For the foregoing services they were to receive no reduction of rent; if, however, they performed certain specified day-works between Midsummer and Michaelmas, working each day from morning till noon, a fourth of their rent was to be remitted.

The *Minores Erdlinges* were eight in number :

They paid horse-gafol and rendered similar services to the Erdlinges, except that they did not plough, harrow, and sow the " grasacra "; and that they ploughed only one " werkacra," furnished one man instead of two at the autumnal Precariæ, and carried only nine cartloads of grain.

For these works they were to have no reduction of rent, those for which a reduction was made being specified amongst the services of the Half-Erdlinges.

NOTE.—The horse-gafol was never remitted except for the performance of averagia or carrying-services.

Half-Erdlinges or *Majores Cottarii.* Of these there were eleven, two of whom paid horse-gafol in addition to their rent.

Each of these was to do six day-works after Michaelmas Day, working from morning till noon, " and so much was expected of them because they did not plough the " werkacra " like the others;

If any of them had an ox or horse fit for ploughing he was to help to plough the " grasacra," and each of them was to harrow one acre.

They were to wash and shear sheep with the other Custumarii, to furnish each one man for three days to mow and gather hay, and to carry it, like the Majores Erdlinges ;

Each was to reap and bind one " Nedacra " and to furnish one man for three days at the Nedbedripes in the autumn, who was to reap from noon till evening;

And each was to carry 6 loads of grain in the autumn, 2 "de monte" and 4 "sub monte."

If the Minores Erdlinges and the Half-Erdlinges, in addition to the foregoing services, did day-work from Midsummer to Michaelmas—that is to say, by one man each every day except Saturday, working from morning to noon,—they were to be released from one-fourth of their rent.

Each of the Half-Erdlinges or Cottarii, moreover, was to have two sheaves of the grain reaped by them in the autumn, each sheaf bound by a cord an ell and a quarter in length.

If, however, the Cottarii did full work, that is to say, three days a week from Michaelmas to Midsummer, three-fourths of their rent was to be remitted; and if from Midsummer to Michaelmas they worked the whole week except Saturday and holidays, the other fourth was remitted, so that if they did full work throughout the year they paid no rent.

Minores Cottarii. These were 12 in number, each of whom was to do three "deywynes" by one man each after Michaelmas Day, and the other works in proportion.

Coteriæ. Six tenants come under this designation, three of whom were to be present for one day at the haymaking and at the stacking of the hay; the others paid rent only.

Most of the foregoing tenants paid pannage for their swine at a fixed rate, and also gave "cherset," that is to say, each three hens and a cock.

The *Præpositus*, if chosen from the Custumarii, was to have a reduction of rent up to 4 s., and also a mare and colt on the lord's pasture in summer, and his food ("mensam suam") from August 1 to Michaelmas.

The *Messor*, if one of the Custumarii, was also to have a reduction of 12 d. from his rent and a mare and colt at pasture like the Præpositus; and also for watching the lord's grain in the autumn, 60 sheaves of corn of medium quality.

The *Bercator* was in like manner to have 60 sheaves for watching the grain and a reduction of 3 s.

The *Carucarii*, the *Forestarius*, and the *Faber*, if customary tenants, were each to have a reduction of 3 s. from their rent.

All the " servientes domini " were to have bacon on a flesh-day, that is to say, one dish each.

All the tenants who owed horse-gafol were on the arrival of the Abbot to carry whenever called upon to Brithwolton, Salisbury, or elsewhere within 20 leagues, according to the lord's will, and for that year they were to be quit of the gafol.

ANESTY, Co. HANTS.   Pp. 83-84.

A rental only of this manor is given without mention of any customs or services.

The manor, described as " tenementum illud," is stated to have been conveyed to the Abbot of Battle by William de Anesty in the 12th year of Edward I. when the tenants were those specified.

CRAUMAREYS, Co. OXON.   Pp. 85-90.

In the rental of Craumareys there appear 14 tenants holding half a virgate each at a rent of 2 s. 6 d. per annum and 3 d. as cherset.

Each of these was to send two men per diem to reap at the three autumnal Precariæ and one man to the fourth, " ad cibum domini."

In addition each was to reap and bind half an acre every day except Saturday during the autumnal reaping, receiving one sheaf of the grain so reaped ; and to hoe the lord's corn every afternoon, so long as there was any hoeing to be done ;

They were also to mow the lord's meadow, and the first day to have a breakfast of bread and cheese ; and to spread, lift, and cock the hay, for which they received 10½ d. and each one a wheaten loaf price ½ d.

Each of them was to thrash after Michaelmas Day six bushels of corn, and to receive a bundle of straw, as much as he could lift and carry away without help.

They were also to gather straw for half a day and each to receive one " thelyn."

There were also 11 minor tenants, holding from 2½ acres to half a virgate each, who rendered services differing but little from the foregoing.

All the tenants were to give pannage for their swine, to pay Peter's Pence, and were prohibited from giving their daughters in marriage beyond the liberty of the manor and from selling their cattle without the lord's licence.

They were all to have their food at the autumnal Precariæ twice a day :—that is to say at noon—wheaten bread, ale, and cheese, and in the evening—bread, ale, soup or broth, flesh or herrings according to the day, and cheese—besides a drink in the afternoon.

They were also to have an acre of corn (unam acram de frumento) to be chosen by themselves as it lay in the field, " ita tamen quod non sit fimata nec faldata nec forsettere nec foretata super dominicum mensurata." *

They were also to have common of pasture on the stubbles as soon as the lord's grain had been gathered, and also in a certain pasture called Heycrofte.

After the Feast of St. Martin, those who had plough-teams were to plough an acre called " Grasherse " (Grasacra or Graserthe), and

---

* This appears to mean that the acre so chosen was not to be manured nor enclosed as a sheepfold, nor measured on the demesne for some other special purpose. The words " forsettere nec foretata " have baffled all attempts to get at their meaning ; it is possible, however, that they have been written in mistake for " warectare nec warctata," which would render the passage perfectly intelligible.

those who had no teams were not to have common of pasture till then.

After the said feast they might gather straw on the demesne for their own use, for which they gave cherset.

Each virgate moreover could have 16 sheep in the fold during folding time.

All the tenants were to have two days' notice before they were called upon to hoe, mow, or reap, in order that they might be prepared with their implements, and those who had no scythes were to give a penny to the mowers.

All who had carts were also to carry the lord's grain if necessary, receiving their food, and on that day doing no other work.

Hoton, Co. Essex.   Pp. 91-100.

The rental of Hoton presents a complete list of the tenants of the manor, in which the rent due from each is specified, but without any attempt at order or classification; the three first-named appear, however, to have been Liberi Tenentes. Amongst these was the Master of St. Bartholomew's, London, who held certain lands by charter from the abbot, for which he owed suit at the Court of Hoton, and, on the death or resignation of any Master, his successor was to pay 10 s. as heriot and relief and to swear fealty to the Lord of the Manor.*

In the Custumal the services to be rendered by each tenant are specified categorically and vary considerably in extent. These are again followed by the names of those tenants who paid hen-rents and plough-rents in addition to the sums previously stated.

N.B.—In transcribing this from the draft or smaller copy of the Custumal the scribe has made one or two blunders which the existence of the draft enables us to correct.

* The words "cuilibet Magistro" in the original MS. should evidently be "quolibet Magistro."

Thus, in the services of Johannes de Elde (p. 94) the words "sextam precem" have been written by mistake for "siccum precem," i.e., a precaria without drink ; and in the entry relating to the services of Heres (or Henricus) Dodi on p. 95 a foot-note relating to the services of a previous tenant has been embodied in the text, thus rendering the passage unintelligible. Omitting this note the passage would read as follows: " et in autumpno,—præter prædictas operationes iiij^{or} operationes," &c.

The following services, which were to be rendered by Martinus de Branford as the tenant of 15½ acres, may be quoted as an example of those due from the larger customary tenants :

To perform 1 averagium a year to London, Tilbury, or Chelmsford, for which he received a loaf and one feed of oats for his horse;

To reap and bind one acre in the autumn ;

To furnish 3 men at the Great Precaria in autumn, at another 2, and at a third 1, and to bind what they reaped ;

To find a man to hoe for one day, receiving his food ;

To harrow for one day till noon, receiving a piece of bread;

To attend the " Preces Carucarum " twice a year, viz. in Winter and in Lent, with as many animals for ploughing as he possessed.

He was also to find one man at the Great Precaria for certain land called " Terra Lynnot."

Several of the minor tenants, holding from 5 to 15½ acres each, were to serve as follows :

To perform one day's work every week throughout the year, and in autumn four more works " de surplusagio " ;

To find one man at each Precaria and to bind what he reaped ;

In addition to reap and bind 1 acre ;

To hoe for one day by one man, who was to receive food twice a day ;

To mow two parts of one acre (two *third* parts ?) as one day's work, for which he was to receive one farthing;

To harrow ½ an acre in Lent, receiving one piece of bread;

To gather nuts for one day " ad medietatem " (i.e., receiving a moiety or half the quantity gathered) ;

If he had any plough cattle (si jungit), to come to the "preces carucarum" with the rest and to lift the lord's hay.

A memorandum, in a somewhat later hand, annexed to the Custumal gives the amount required as a day's work (in thrashing) "apud Hotona," as follows:—

Of corn, 10 works	=	2 qrs. 7 bushels, 1 peck.
„ 20 „	=	7 qrs. $6\frac{1}{2}$ bushels.
„ 100 „	=	39 qrs. $\frac{1}{2}$ bushel.
Of beans, peas, and vetches, 1 work	=	$4\frac{1}{2}$ bushels.
Of oats, drag or buckwheat (dragetum), and barley, 1 work	=	1 qr. 1 peck.

From the Extent of the Manor of Hoton, dated 5 Edward II, which appears in the later portion of the Liber Regius, the demesne of the manor appears, in addition to the manor-house and its appurtenances, to have included the following:

> 73 acres of wood.
> $756\frac{1}{2}$ acres of arable land and 3 acres of pasture.
> 43 acres of meadow.

The valuation is given as follows:

	£	s.	d.
The demesne with its appurtenances .	27	11	$3\frac{1}{2}$
Rents of Assize (both of free and customary tenants)	7	12	$0\frac{1}{2}$
Plough rents (8 vomeres) . . .		4	8
Customs and services	7	15	7
Rents of tenants at will		7	8
"Tolcester" or ale-toll		7	2
Fines, amerciaments, and other profits .	1	0	0
Total .	£44	18	5

The rents and services of each tenant are specified in the Extent in the same manner as in the Custumal, but with the addition of the pecuniary value of the services and of the food supplied in each case. They appear to vary little from those described in the earlier record, although in one or two cases additional details are given.

Thus in the services of William, the son of Martin de Hoton (the successor of the Martin de Branford whose services are above quoted), the following variations occur:

At the first Precaria in autumn he was to find (as before) *one* man, who was to receive two meals without drink (a " sicca " precaria) ; at the second *two* men, who were to have two meals with drink, and at the third *four* men (one man " pro terra Lynnot "), who were to have two meals with drink;

And in the evening of that (the third) day they were to be as they say " solemniter depasti."

At the second Precaria and at the third, " which is called the Great Precaria," *each labourer was to bring a comrade with him to supper* (" utroque die ad vesperam occuret in cena cuilibet operario unus alius, et sic pro uno operante erunt duo ad cenam ").

The work of each reaper is further stated to be worth 1½ d. per day, " quia dicunt quod tantum dabunt ad minus cuilibet operario, *si quis unum vel plures conducere debeat ad faciendum opus*, una cum cibo prædicto; et pro eo maxime, quod debent ligare et coppare *post prædictas precarias, temporibus opportunis*, totum quod remanserit deligatum."

So that it would appear to have been the practice for the tenants, in order to get the harvest work finished within the period allotted to it. to hire extra labourers, who, however, were entitled to participate in the general supper at the lord's expense.

It is also stated that " ipse idem " (the tenant) " debet equitare ultra metentes ad secundam et ad tertiam precariam in autumpno, et habere cibum bis in die cum serviente, *et plus valet cibum quam perfectus opus.*"

He was also to gather nuts with one man for one day and to have a moiety of those gathered, " *et non potest illud opus extendi propter ejus parvitatem.*"

The following particulars regarding the general services of the tenants are given at the end of the extent :

Each of the nativi who had a plough-team, or any part thereof, was to plough at the two Precariæ Carucarum, " et parum vel nihil prodest arura de parvis tenentibus quia pauca habent animalia."

Every free tenant who owed a heriot was to give his best animal, but if he had no animal he gave no heriot, and the same with the nativi, from all of whom who held buildings, " *qui tenementa tenent edificata,*" a heriot was due.

The successor of any nativus was also to pay a fine on entry ; but the widow of a nativus was to remain in possession of his tenement during her life-time. She must not, however, re-marry without the lord's licence.

Each nativus " quando braciaverit " was to give two " lagenas " of the best ale which was called Tolcestre.

Nor could any of the said nativi, " neque major neque minor," give his daughter in marriage, nor make his son a priest without the lord's licence, nor cut down timber without licence, and then only for building.

Wye, Co. Kent. Pp. 101-136.

The lands held by the tenants of the Manor of Wye appear to have consisted of 60½ juga or yoke-lands, each of which contained four virgates. One half of these, that is 30 juga and 1 virgate, are described as " juga libera " and the other half as " juga servilia," or " juga averantia."

The "juga servilia" were subdivided into three "Wendi," *Dunewendus*, *Chiltunwendus*, and *Brunelfordwendus*, each of which contained 10 juga, Dunewendus including in addition the Virgate called "Throstle," or Throstel's, which was the fourth part of a jugum and rendered proportionate services.

The following are the services stated to be due from the customary yoke-lands:

Each "Wendus" was to perform 10 averagia every three weeks, *i.e.*, one from each jugum, and always on a Saturday, on one Saturday corn being carried, and on the other barley; the Virgate of Throstel, however, always carried corn.

In addition to the foregoing, 33 averagia were due from certain of the libera juga, between Hockday and the 1st of August. Each averagium was from Wye to Battle, and was to consist of half a seam either of wheat or of barley.

Twenty-eight of the "juga averantia" (the two juga in Kyngesswode being excepted) were to plough, sow, and harrow 42 acres for wheat, *i.e.*, each jugum 1½ acre, and the Virgate of Throstel a fourth of this quantity, that is 1½ roods.*

Two or three of the "libera juga" also contributed to this service, the total number of acres for wheat being 49 acres, 3½ roods (xlix acræ et dimidia, j virgata et dimidia).

All the juga which ploughed for wheat as above were to reap, gather, bind and stook (coppare) the same number of acres, and, with two exceptions, were to plough, sow, and harrow for barley in like manner.

The 28 "juga servilia" were also to mow, spread, turn, cock, and carry to the Court of Wy, and there to stack 28 acres of

---

* The use here of the word "virgata" for rood is very unusual and rather confusing, the passage standing thus: "Et Virgata Throstle (debet arare) unam virgatam et dimidiam." There can, however, be no doubt as to the meaning.

meadow, one for each jugum, certain of the libera juga also contributing to this service, the total number of acres to be mown, &c. being 33 acres, 1 rood.

With regard to rent and other dues the juga servilia were all equal.

The rent of each jugum was 7 s. 5 d. that is to say 40 d. of ancient rent and 49 d. of new rent. All those paying this rent were said to be " de numero sex librarum," that being about the amount paid by them altogether in excess of the ancient rent; as a matter of fact however they paid 12¾ d. more (et excrescunt 12¾ d.)

The juga servilia also rendered rents of hens and eggs, *i.e.* 3 hens at Christmas and 20 eggs at Easter,* similar payments being made by many of the libera juga as shown by the rental.

They paid each 7½ d. per annum as husbote, and 9 d. per annum " pro brasio," and at the feast of St. Thomas the Apostle a certain payment called " Foxalpeni," which is stated to have arisen in the year of the war between King John and his barons.

All the juga which owed ploughing service were to turn their ploughs to the lord's land on the vigils of St. Martin and St. Gregory respectively, without being summoned, under penalty of a fine of 21 d.

If any tenant did not come to do carrying service on the Saturday, nor to Battle on the Monday, he was fined 21 d., and the Bedellus was to supply his place, for which he was to have 6 d.

Most of the juga servilia had wood in Kingswood without rent, *i.e.* 10 acres each. This is in one instance alleged as a proof of the yoke-land in question being servile.

---

* The serjeant was to call once for the hens and eggs; but if they were not ready the tenants were to carry them to the manor within 12 days; if this was not done, they were fined 21 d. in lieu thereof.

LIMENESFELD AND BRODEHAM, CO. SURREY. Pp. 137-163.

From the Extent of Limenesfeld the demesne appears to have consisted, in addition to the manor-house with its gardens and other appurtenances, including two granges with the adjacent closes, a dovecot, and two watermills, of

> 600 acres of " Boscus Communis," *i.e.*, of wood which was common to all the tenants of the manor, " tam liberis quam nativis per totum annum ad omnia averia sua ";
>
> 163 acres of " Boscus Separalis," which however were common to all the tenants " tempore glani," *i.e.*, at the time of pannage, but for their swine only ; and of
>
> 1367 acres of arable and pasture land and 38 acres of meadow, in various fields and crofts. Some of these are described as " acræ separales," whilst others appear to have formed distinct enclosures of demesne land, *e.g.*
>
> " Et sunt ibidem in campis qui vocantur Horscroftes lxxviij *acræ separales.*
>
> *　　*　　*　　*　　*　　*　　*
>
> et in diversis campis et croftis quæ vocantur Hornesland *infra unum clausum et procinctum* cxl. acræ terræ et pasturæ."

The arable and pasture land is valued at ij d to vj d. per acre, and the meadow at xvj d. per acre.

There were in Limenesfeld between 50 and 60 "Liberi Tenentes," holding amongst them about 470 acres, chiefly in very small quantities, although three of them held 50, 60, and 120 acres respectively.

The same tenant appears in many cases as the possessor of several small holdings, and in two or three cases the tenures are stated to be " in servitio."

Each of the *Liberi Tenentes*, both large and small, who had a plough-team or any part thereof was to attend one Precaria Carucarum in Winter and another in Lent, at each of which the possessor of a whole team was to plough and harrow one acre.

Many of them are however stated to be " adeo parvæ tenuræ et impotentes, quod neque carucas integras nec earum aliquam partem possunt habere "—the whole ploughing being therefore estimated at not more than x acres per annum.

There were also 10 *Liberi Tenentes* in Prynkehamme, holding altogether 378 acres.

These appear to have owed suit of court, reliefs and heriots only; one of them however is described as holding a messuage and 40 acres " in servitio."

The *Nativi* of Limenesfeld were 20 in number and held altogether about 193 acres.

The following, rendered by a tenant of a messuage and seven acres, appear to have been the standard services :

To find a man and horse to harrow for one day at the Lenten sowing called " Tyndesawe " ;

To find a man, during the carting of the manure from the lord's fimarium, which generally lasted for 10 days, to fill the carts, working every other day till the task was completed;

To find a man for one day to spread the lord's hay ; for one day to lift the hay ; and for two days to hoe corn ; and a man to assist in stacking 5 loads of hay;

To find a man at each of the three autumnal Precariæ, and to thrash two bushels of oats whenever the Abbot should come from Battle.

All the nativi who had plough-teams or any portion thereof were also to plough and harrow at the two Precariæ Carucarum like the Liberi Tenentes, and in addition to fetch seed from the lord's granary and therewith to sow the land they had tilled.   The whole of the ploughing and harrowing at the two Precariæ however amounted only to four acres.

There were also 4 nativi in Prinkehamme holding together 128 acres ; three of these compounded for their services by a pecuniary payment ; the fourth in addition to certain " averagia," for which he seems to have compounded, was to find a horse and two oxen, " qui medietatem unius curri faciunt," to cart the manure from the fimarium so long as that operation lasted, generally for 20 days.

All the nativi both of Lymenesfeld and Prinkehamme appear to have been subject to the usual restrictions as to the marriage of their daughters &c.; but on the death of a nativus his widow was to retain only the half of the tenement held by him.

All the tenants both liberi and nativi whenever they brewed " ad vendendum " were to send to the manor two gallons of the best ale, which was called " Tolcester."

There were also a number of " Tenants at Will " of small portions of land, most of whom paid rent only " pro omnibus."

The Extent of the Manor of Brodehamme, taken at the same time and by the same jurors as that of Lymenesfeld, gives the acreage of the demesne as follows:

31 acres 1 rood of wood.

217 acres, 3 roods of arable and pasture, with heath.

20 acres and 3 roods of meadow.

The arable and pasture land is valued at vij d. per acre and the meadow at ij s. vj d.

There were in this manor 8 *Liberi Tenentes*, holding together about 77 acres, 9 *Nativi* holding together 15 acres, and 5 *Tenants at Will* of small holdings.

These, with one or two exceptions, owed suit of Court, reliefs, and heriots, but no mention is made of any services to be rendered.

RENTAL and CUSTUMAL of the Manor of MERLE
(MARLEY), Co. Sussex. Temp. Edward I.

[Liber Regius de Bello, fol. 15-18.]

TERRA BOVIS.

Johannes [*Heredes Johannis*] filius Alani de Bodhurst' tenet j
tenementum quod vocatur Groflond, in parochia de Westefeld, et
debet inde per annum iiij s., ad iiij^{or} anni terminos principales,
et duas sectas ad Curiam de Bello per annum, et heriettum et
relevium.

Johannes de Chitecombe tenet j mesuagium quod fuit quondam
Thomæ de Bredsete, cum quadam particula terræ quam (*sic*) sibi
concessa fuit per dominum R. de Thruleg', et debet inde per annum
octo denarios ad prædictos terminos, et heriettum et relevium.

Agnes de Bodhurst' tenet j mesuagium cum quadam crofta
adjacente, ad terminum vitæ suæ, quod fuit quondam Thomæ de
Bredsete, et debet inde per annum xj d. ad duos terminos.

Simon Lytecok tenet unum mesuagium cum gardino, quod fuit
quondam Alani de Bodhurst', et debet inde per annum iij s. ad
prædictos quatuor anni terminos, et sectam ad quatuor curias de
Bello per annum, proximiores post prædictos terminos principales,
et heriettum et relevium.

Stephanus Cuchur tenet j mesuagium cum gardino, quod fuit
quondam Galfridi de Bodhurst, et debet inde per annum iiij s. ad

prædictos terminos, et quatuor sectas ut prædictus Simon Litecok, et relevium et heriettum.

Ricardus de Bodhurst tenet j tenementum quod Et debet inde per annum ij s. vij d. ob. ad festum Sancti Michaelis.

Ingeramus de Beche [*Heredes*] tenet unum tenementum quod fuit Ingerami patris sui et debet inde de redditu xij d. ob. q^n.

J. hered' (*sic*) Johannis de Beche tenet tenementum quod fuit patris sui et debet inde de redditu iiij d. ob. q^a.

Custos de Merile debet pro terris quæ tenuerunt Martinus de Bordhurst, Alani de Bodherst, Thomæ de Bredsete, Johannis de Bodherst, Simonis de Hethelond', Ingerami Cok de Bodherst gate, Johannis de Ukeham, Simonis de Ukeham, et Roberti de Ukeham, et debet inde de redditu xxxij s. iij d. q^a ad ij terminos principales.

Radulphus atte Forde [*in manu Celerarii*] tenet unum mesuagium et j wistam et debet inde de redditu per annum xxij d., et pro herthyeld et Romescot iiij d. ; Et debet ad stipendium præpositi de Merile iiij d.;

Et debet cariare de bosco Abbathiæ usque ad Abbathiam cc et x carriatas bosci, videlicet inter festum Sancti Michaelis et Hokedei iiij^{xx} et x, quamlibet cum iiij bobus, Et inter Hokedei et festum Sancti Michaelis vj^{xx}, quamlibet cum ij bobus, et valet cariagium cujuslibet carriatæ ob. ; Et percipiet pro toto dicto cariagio lxv panes nigros precii xvj d., Et sic valet dictum cariagium de claro vij s. v d.;

Et debet cariare v ambras salis et j bussellum, de Wynchelse vel Hastinges usque Bellum, et valet cariagium cujuslibet ambræ ij d.; et habebit pro dicto cariagio xv panes nigros, de minoribus, pretii ij d. ob., Et sic valet cariagium illud de claro viij d. q^a;

Et debet cariare ij mellenas alleci sicci vel recentis de Wynchelse

vel Hastinges sive Bolwareheth' usque ad Abbathiam, et valet
cariagium j mellenarii iiij d., Et percipiet pro dicto cariagio iiij panes
et xij alleces pretii j d. ob., Et sic valet illud cariagium de claro
vj d. ob.;

Et debet invenire unum hominem ad falcandum et spargendum
pratum de Botliliame quod vocatur Brodewisse per duo dies, et
valet opus falcationis et sparsionis per diem iij d., et percipiet per
diem in dicto prato ij panes nigros et dimidium, potagium, et potum,
(j galonem communiter), et medietatem unius ferculi et caseum,
pretium totius cibi cum potu per diem ij d.;

Et percipient omnes custumarii in communi iij magnos simenellos
et iij parvos, pretii ij d. ob., Et sic valet illud opus de claro ij d.;

Et debet cariare de dicto prato usque ad Abbathiam vj carriatas
feni, quamlibet carriatam cum ij bobus, et valet qualibet ijd., et
percipie[t] pro dicto cariagio vj panes et xviij alleces vel merleng'
pretii iij d., Et sic valet illud cariagium de claro ix d.;

Et debet invenire j curtanam cum iiij bobus et j fugatore, vel
ij curtanas cum ij bobus et fugatoribus, et uno operario ad curtanas
implendas donec fima de Abbathia plene extrahantur, quod est
communiter per ij dies, et valet illud opus per diem v d., Et
percipient unum repastum in communi aula per diem, videlicet ij
homines habebunt iij panes, potagium, potum, j ferculum, et caseum,
et in sero potum, pretium cibi et potus ij operariorum per diem
ij d. qᵃ, Et sic valet opus illud de claro v d. ob.;

Et debet xv. averagia de Wynchelse vel Hastynges usque prædictam Abbathiam, et valet quodlibet iij d., et percipiet pro quolibet
averagio de Wynchelse ij panes, et pro quolibet de Hastinges j
panem de minoribus, et valet dictus panis v d., Et sic valent dicta
averagia iij s. iiij d. de claro.

       Summa consuetudinum et operum xiiij s.

Walterus de Donynton' tenet unum mesuagium et dimidiam
wistam et debet inde de redditu per annum xj d., et pro herthyeld
et Romescot ij d., Et ad stipendium præpositi iiij d.;

Et de[bet] cariare ij ambras ij bussellos et dimidium salis, et percipiet vij panes et dimidium pretii j d. qᵃ, Et valet cariagium illud iiij d. de claro;

Et debet cariare j millenarium allecium ut supra, et percipiet ij panes et vj alleces pretii ob. qᵃ, Et sic valet cariagium iij d. qᵃ de claro;

Et de[bet] arare unam acram et j quarterium terræ, et valet arura unius acræ xij d., et percipiet pro dicta arura ij panes, dimidium, et vij alleces et dimidium, pretii j d., et sic valet opus aruræ xiiij d. ;

Et debet invenire j hominem ad falcandum et spargendum pratum de Bodiham per duos dies, sicut Radulphus atte Forde, percipiendo cibum eodem modo, et valet opus de claro ij d.;

Et debet cariare tres carriatas feni de dicto prato usque a[d] Abbathiam ut supra, percipiendo iij panes et ix alleces vel merleng', pretii j d. ob., Et sic valet illud cariagium iiij d. ob.;

Et debet invenire j curtanam cum ij bobus ad fima de Abbathia extrahenda ut supra, et per alterum diem unum operarium ad curtenam implendam, percipiendo cibum ut supra et potum, et valet opus de claro ij d. ob. qᵃ ;

Et debet vij averagia et dimidium ut supra, percipiendo xv panes et dimidium, pretii ij d. ob.;

Et debet invenire unum hominem ad operandum in gardino vel alibi per xxx dies per annum, et si operatus fuerit per totum diem inter festum Sancti Michaelis et Hokedeye, allocabitur ei illa dies pro uno opere et dimidio, Et si inter Hokedeie et festum Sancti Michaelis operatus fuerit per unum diem integrum, allocabitur ei illa dies pro ij operibus, et valet quodlibet opus ob. qᵃ, et percipiet pro dictis operibus xxxij panes et dimidium, pretii viij d., Et sic valent opera illa xiiij d. ob.;

Et debet claudere v virgatas haiæ quæ vocantur gavelmerke, et percipiet j panem nigrum et iij alleces, pretii ob., et sic valet opus de claro j d.

Summa consuetudinum et operum vj s.

Johannes le Knyst tenet j mesuagium et dimidiam wistam et debet inde de redditu per annum xv d., et pro Romescot et herthyeld ij d., Et pro stipendio præpositi iiij d.;

Et debet omnes consuetudines et opera sicut Walterus de Donynton'.

Summa consuetudinum et operum vj s.

Johannes Aleyn tenet j mesuagium et quartam partem unius wistæ et debet inde de redditu xiij d , et pro Romescot et herthyeld j d., Et ad stipendium præpositi iiij d. ;

Et debet arare iij quarteria, et percipere unum panem et dimidium et iiij alleces et dimidiam, et valet arura de claro viij d. q^a;

Et debet invenire j hominem ad falcandum per duos dies, eodem modo sicut dictus Walterus, Et faciet medietatem omnium aliorum operum et consuetudinum sicut idem Walterus de Donynton'; Set debet claudere v virgatas de gavelmerk' et valet j d.

Summa consuetudinum et operum iij s. v d.

Helewisa de Petle tenet j mesuagium et dimidiam wistam et debet inde de redditu per annum ij s. iiij d., Et pro una crofta quæ vocatur Coterescrofte vj d., Et pro Romescot et herthyeld iiij d., Et pro stipendio præpositi viij d.;

Et debet arare j acram et dimidiam, et percipere iij panes et ix alleces, pretii j d. ob., et sic valet arura de claro xvj d. ob.;

Et debet cariare sal et aleces, fima, et averagia facere sicut Walterus de Donynton; Et debet invenire ij homines ad falcandum in prato prædicto et spargendum per ij dies, capiendo uterque per diem ut supra, et valet opus iiij d.;

Et debet cariare de feno iij cariatas ut supra, et valet opus cariagii iiij d. ob.

Et debet cariare cv cariatas bosci ut supra, et percipere xxxij panes et dimidium, pretii viij d., Et sic valet dictum cariagium iij s. vij d. ob.;

Et debet claudere x virgatas haiæ ut supra et percipere ij panes et vj alleces, pretii j d., et valet opus ij d.

Summa consuetudinum et operum ix s. ij d. ob.

Willielmus de Hethelond [*modo Roberti Hegelond'*] tenet j mesuagium et dimidiam wistam quæ fuit Willielmi de Molendino et debet inde de redditu per annum xij d., et pro Romescot ob., et pro stipendio præpositi iiij d.,

Et debet cariare cv cariatas bosci ut supra, et valet cariagium iij s. vij d. ob.

Et debet omnia alia opera et consuetudines sicut Walterus de Donynton', præter quod non operabitur in gardino nec alibi opera diurna sicut facit dictus Walterus.

Summa vij s. j d. ob.

Gervasius Hamond [*quondam Awestyn, modo Nicholai Tovy*] tenet j mesuagium et unam wistam et debet inde de redditu per annum iij s., et pro Romescot j d., et pro stipendio præpositi iiij d.;

Et debet invenire j hominem ad falcandum prædictum pratum sicut Walterus de Donynton'.

Summa consuetudinum et operum vij d.

Johannes atte Ford' [*modo Nicholai Tovy*] tenet j mesuagium et j wistam et debet inde de redditu per annum xviij d., et pro Romescot et herthyeld iiij d., et pro stipendio præpositi iiij d.;

Et debet arare ij acras terræ et percipere iiij panes et xij alleces, pretii ij d.; Et valet illa arura de claro xxij d.;

Et debet facere in gardino vel alibi lx opera ut supra, percipiendo lxv panes pretii xvj d., et sic valent opera illa ij s. v d.;

Et debet claudere xx virgatas haiæ ut supra, percipiendo iiij panes et xij alleces, pretii ij d., et sic valet illud opud (*sic*) de claro iiij d.;

Et debet omnia alia opera et consuetudines sicut Radulphus atte Forde, præter cariagium bosci.

Summa consuetudinum et operum xj s. ij d.

Cristina filia Gervasii de Telham [*postea Stakynden'*] tenet j mesuagium et dimidiam wistam et debet inde de redditu per annum ij s., et pro la Donne vj d., et pro Romescot ob., et ad stipendium præpositi iiij d. ;

Et debet invenire j hominem ad falcandum et spargendum dictum pratum per j diem, percipiendo ut alii supra, et valet opus j d. ;

Et debet averagia facere eodem modo sicut Walterus de Donynton', et valet averagium xx d.

Summa consuetudinum et operum ij s. j d. ob.

Johannes atte Donne tenet j mesuagium et dimidiam wistam et debet inde de redditu per annum xviij d., et pro la Donne xij d., Et pro Donna Gervasii iij s., et pro Capenore iij d., et pro Romescot ob., et pro stipendio præpositi iiij d. ; et omnia opera et consuetudines sicut Cristina filia Gervasii.

Summa consuetudinum et operum ij s. j d. ob.

Willielmus Schureue [*modo Rogeri Prynce*] tenet dimidiam wistam et debet inde de redditu per annum xj d. ob., et pro Romescot et herthyeld ij d., et pro stipendio præpositi iiij d. ;

Et debet arare j acram et dimidiam ut supra, et percipere iij panes et ix alleces, pretii j d. ob , et sic valet arura xvj d. ob. ; Et debet invenire unum hominem ad falcandum et spargendum pratum per j diem ut supra, et valet opus de claro j d. ;

Et debet claudere xij virgatas et dimidiam haiæ ut supra, percipiendo ij panes et dimidium et vij alleces et dimidiam, pretii j d. qᵃ, et valet opus de claro ij d. ob. ;

Et de omnibus aliis consuetudinibus et operibus debet eodem modo sicut Walterus de Donynton'.

Summa consuetudinum et operum vj s. iij d.

Willielmus Brond tenet dimidiam wistam et debet inde de redditu xij d., Et pro Romescot et hertyeld' ij d., et pro stipendio præpositi iiij d.,;

Et debet omnes consuetudines et opera sicut Willielmus Schureue.
Summa consuetudinum et operum vj s. iij d.

Johannes Schureue et Simon Thomas tenent j wistam et debent inde de redditu per annum xxiij d., et pro Romescot et hertzeld iiij d., et ad stipendium præpositi iiij d.;

Et debent arare j acram terræ, et percipere ij panes et vj alleces, pretii j d., et valet arura xj d.;

Et debent facere lx opera diurna ut supra in gardino vel alibi ut supra, capiendo lxv panes ut supra, et sic valent opera ij s. v d.;

Et debent claudere x virgatas haiæ ut supra, et valet opus ij d.; Et omnia alia opera et consuetudines facient sicut Radulphus atte Forde.

Summa consuetudinum et operum x s. j d.

Item idem Johannes Schureue tenet quandam terram vocatam Stenelond pro quarta parte j wistæ et debet inde de redditu per annum xiij s. iiij d.; Idem tenet quandam terram vocatam Forelond et debet inde de redditu xx d.; Idem tenet Mellebrok' et Mellegrof et debet inde de redditu xx d.; Idem tenet j gardinum et debet inde de redditu j d. ob.; Et debet pro Stenelond' pro hertyeld et Romescot j d, et pro stipendio præpositi iiij d.

Et debet arare iij quarteria ut supra, et valet arura viij d. qᵃ;

Et de omnibus aliis consuetudinibus et operibus debet medietatem sicut Walterus de Donynton', præter quod debet claudere vj virgatas haiæ et j quarterium ut supra, percipiendo j panem et j quarterium et quartam partem de iij allecibus, et valet opus j d. qᵃ.

Johannes Shureue junior pro Potel tenet dimidiam wistam et debet de redditu xj d. ob., et pro hertyeld et Romescot ij d., et pro stipendio præpositi iiij d.;

Et debet arare j acram et dimidiam ut supra, et valet arura xvj d. ob.;

Et de omnibus aliis consuetudinibus et operibus faciet sicut Walterus de Donynton', præter quod non inveniet nisi j hominem per j diem ad falcandum et spargendum pratum ut supra.

Willielmus Brond' [*modo Thomæ Smyth'*] tenet dimidiam wistam quæ fuit Willielmi de Molendino et debet inde de redditu per annum iiij s. viij d., et pro Romescot et hertyeld' ij d., Et ad stipendium præpositi iiij d. ;

Et debet arare j acram et dimidiam terræ ut supra, et valet arrura ut supra xvj d. ob. ;

Et debet cariare vj^{xx} carriatas bosci ut supra, et percipiet xxxvij panes, pretii ix d., et sic valet cariagium iiij s. iij d. de claro ;

Et debet cariare de sale, allece, falcare, et fenum cariare, fima extrahere, averagia facere, et gavelmerke claudere, eodem modo sicut Walterus de Donynton'.

Robertus Rolf tenet dimidiam wistam apud Luxebech' et debet inde de redditu per annum ij s. ij d. ob., et pro romescot ob. q^a, et pro stipendio præpositi iiij d. ;

Et debet de cariagio salis et allecium, et falcare et spargere pratum, fima extrahere, et averagia facere, eodem modo sicut Walterus de Donynton' ;

Et debet cariare de feno iiij^{or} carriatas, et percipere iiij panes et xij alleces, pretii ij d., et valet illud cariagium vj d.

Johannes de Loxebeche tenet dimidiam wistam et debet inde de redditu per annum xx d. ob., et pro Romescot ob. q^a, et pro stipendio præpositi viij d.;

Et debet arare iij quarteria ut supra, et valet arura viij d. q^a;

Et debet cariare lij carriatas bosci et dimidiam ut supra, percipiendo xvj panes et j quarterium, pretii iiij d., et valet opus xxj d. ob. q^a;

Et debet invenire ij homines ad falcandum pratum et spargendum per iij dies ut supra, percipientes cibum ut supra, et valet opus iiij d. de claro ;

Et debet cariare iiij carriatas feni ut supra, sicut Robertus Rolf, et valet cariagium vj d.;

Et debet de cariagio salis et allecium, et fima extrahere, et averagia facere, sicut Walterus de Donynton'.

TENEMENTA DEVOLUTA AD MANERIUM DE MERILE, PRO QUIBUS CUSTOS EJUSDEM MANERII FACIT OPERA.

Simon de Hethelonde tenuit j wistam et debet inde de redditu per annum xxj d. ob., et pro hertzeld et Romescot ij d., et pro stipendio præpositi iiij d.;

Et debet cariare cv cariatas bosci ut supra, et valet iij s. vij d. ob.;

Et debet invenire ij homines per duos dies ad falcandum et spargendum pratum ut supra, et valet opus iiij d.;

Et debet cariare iij cariatas feni ut supra, et valet cariagium iiij d. ob.;

Et debet cariare M. alleces ut supra, et valet iij d. qᵃ;

Et debet de cariagio salis, et de fimis extrahendis, et de averagiis faciendis, eodem modo sicut Radulphus atte Ford'.

Unum mesuagium et j wista quam Johannes de Ukeham tenuit debet de redditu per annum xxij d., et pro hertzeld et Romescot iiij d., et pro stipendio præpositi iiij d.;

Et debet lx opera in gardino vel alibi, percipiendo ut supra, et valent ij s. v d.;

Et debet de cariagio salis et allecium, et de falcatione et sparsione prati, et de cariagio feni, et de averagiis faciendis, et de fimis extra‧ hendis, eodem modo sicut Radulphus atte Ford';

Et debet claudere xx virgatas haiæ ut supra, et valet opus iiij d.

Unum mesuagium et una dimidia wista quæ Simon de Ukeham tenuit debet de redditu per annum xix d. ob., et pro hertyeld et Romescot ij d., et ad stipendium præpositi iiij d. ;

Et debet cariare lij carriatas bosci et dimidiam, percipiendo ut supra, et valet cariagium xxj d. ob. qᵃ ;

Et debet cariare D. alleces ut supra, et percipere j panem et iij alleces, pretii ob., et valet cariagium j d. ob. di. qᵃ ;

Et debet cariare de feno j carriatam et dimidiam ut supra, et valet cariagium ij d. qᵃ;

Et debet cariare sal, falcare pratum, fima extrahere, et averagia facere sicut Walterus de Donynton' ;

Et debet claudere x virgatas de gavelmerke ut supra, et valet opus ij d.

Unum mesuagium et una wista quæ Robertus Rolf tenuit apud Ukehamme debet de redditu per annum xxj d., et pro Romescot et hertyeld' ij d. ob., et pro stipendio præpositi iiij d. ;

Et debet arare j acram et dimidiam ut supra, et percipere iij panes et ix alleces, pretii j d. ob., et sic valet arura de claro xvj d. ob. ;

Et debet cariare cv cariatas bosci sicut Simon de Hethelond' et valet cariagium iij s. vij d. ob.;

Et debet cariare ij mellenas allecium et percipere ut supra, et valet cariagium vj d. ob.

Et debet invenire j hominem ad falcandum et spargendum pratum ut supra, per duos dies, et valet opus ij d.;

Et debet cariare vj cariatas feni ut supra, et valet opus ix d.

Et debet de cariagio salis, de fimis extrahendis, et de averagiis faciendis sicut Radulphus atte Forde.

Et debet claudere xv virgatas de gavelmerke, et percipere iij panes et ix alleces ut supra, et valet opus iiij d.

Unum mesuagium et quarta pars unius wistæ quæ Ingeramus de Bodhurstegate tenuit debet de redditu per annum xvj d., et pro Romescot qᵃ, et pro stipendio præpositi iiij d. ;

Et debet cariare j ambram j bussellum et pek salis, et percipiet iij panes dimidium et j quarterium, pretii ob. et di. qᵃ, et sic valet cariagium ij d.;

Et debet cariare D. alleces, et percipere j panem et iij alleces, pretii ob., et valet cariagium j d. ob. et di. qᵃ;

Et debet cariare de feno j cariatam et dimidiam ut supra, et valet cariagium ij d. qᵃ;

Et debet facere xxx averagia, et percipere ut supra, et valent vj s. viij d. de claro;

Et debet invenire j hominem per ij dies ad falcandum et spargendum pratum ut supra, et valet opus ij d.;

Et debet invenire medietatem unius curtanæ cum j bove ad fima extrahenda ut supra, et valet opus j d. qᵃ.

TENEMENTA INCLUSA IN NOVO PARCO DE BROMHAM.

Robertus de Pukehol' tenuit unum mesuagium et dimidiam wistam et debuit inde de redditu per annum ij s., et pro Romescot ob., et pro stipendio præpositi iiij d.;

Et debet facere xxx averagia et percipere ut supra, et valent vj s. ⱴiij d.;

Et debuit de cariagio salis, allecium, falcare et fenum cariare, et fima extrahere eodem modo sicut Walterus de Donyntone.

Et sciendum quod Radulphus atte Forde, Willielmus de Hethelond', Cristina filia Gervasii de Telham, Johannes atte Done, Robertus Rolf pro tenemento apud Loxebech', Johannes Scirreue pro terra de la Stene, unum mesuagium et j wista quæ fuerunt Simonis de Hethelond', unum mesuagium et j wista quæ Johannes de Ukeham tenuit, unum mesuagium et dimidia wista quæ Simon de Ukeham tenuit, unum mesuagium et quarta pars unius wistæ quæ Ingeramus de Bodhurstgate tenuit, et unum mesuagium et dimidia wista quæ Robertus de Pukehole tenuit, arare debent ad duas precarias carucarum per annum, ad unam videlicet in yeme, et

ad aliam in Quadragesima, cum caruca sua ; videlicet unusquisque
eorum si carucam integram habeat, qui vero carucam non habuerit
integram invenire debet omnes boves suos quos habet in carucis
junctos cum uno homine ad dictas precarias: homines vero qui cum
bobus venerint ad dictas precarias, omnes præter carucarios, operari
debent quicquid eis injungitur usque ad disjunctionem carucarum ;
et omnes carucarii, simul illis qui cum bobus prædictis venerint et
operati fuerint ut prædictum est, habebunt cibum semel in die ad
utramque precariam, sicut habent quando fima extrahunt et eodem
modo ; Quæquidem arrura supradicta non possunt hic extendi quia
non fecerunt opus per longum tempus.

Et sciendum quod omnes et singuli nativi supradicta debent
cariare medietatem totius vini domini Abbatis de Wynchelse usque
Abbathiam de Bello, et custos manerii de Meri^le inveniet cariagium
alterius medietatis pro antiquis terris in manerio prædicto existentibus;
Et valet cariagium cujuslibet dolei v s. ; Et æstimatur dictum
cariagium hic ad xv dolea communibus annis: et invenient ad dictum
cariagium Radulphus atte Forde j hominem et ij boves, Walterus
de Donynton' et Johannes Knyst j hominem et duos boves,
Helewisia de Petle et Johannes Aleyn j hominem et ij boves,
Willielmus de Hethelonde dimidium hominem et j bovem, Gervasius
Hamond j hominem et ij boves, Johannes atte Ford' j hominem et
ij boves, Johannes atte Donne j bovem, Willielmus Scirreue et
Willielmus Brond j hominem et ij boves, Johannes Schureue pro
vitali et Willielmus Brond pro Mellelond' j hominem et ij boves,
Johannes Scirreue et Simon Thomas j hominem et ij boves, Johannes
Schureue pro terra de la Stene dimidium bovem, Robertus Rolf pro
tenemento de Loxbech' dimidium hominem et j bovem, Johannes
de Loxebech' j bovem, tenementum quod fuit Johannis de Ukeham
j hominem et ij boves, tenementum quod fuit Simonis de Ukeham j
bovem, tenementum quod fuit Roberti de Ukeham j hominem et ij
boves, tenementum quod fuit Ingerami de Bodherstgate dimidium
bovem, tenementum quod fuit Simonis de Hethelond' j hominem et
ij boves, et tenementum quod fuit Roberti de Pukehole dimidium

hominem et j bovem, Et percipient omnes dicti custumarii pro cariagio cujuslibet dolei simul cum cariagio de Merile xl panes nigros, de majoribus ut dicunt, pretii x d., et vj^{xx} aleces, pretii x d., Et sic valet cariagium cujuslibet dolei de claro iij s. iiij d.; Et est summa cariagii xv doleorum 1 s.

Extent and Rental of the Manor of BERNEHORNE,
Co. Sussex. Temp 35 Edward I.

[Liber Regius de Bello, fol. 20-22.]

BERNEHORNE.

Extenta manerii de Bernehorne, facta die Mercurii proximo post festum sancti Gregorii Papæ anno regni regis Edwardi xxxv^{to}, coram fratre Thoma custode de Merile, Johanne de la More, et Adam de Thrulegh, Clericis, per sacramentum Willielmi de Gocecoumbe, Walteri le Parker, Ricardi le Knyst, Ricardi filii ejusdem, Andrœe de Estone, Stephani Morspich, Thome Brembel, Willielmi de Swynhamme, Johannis Pollard, Rogeri le Glide, Johannis Syward, et Johannis de Lillingewist, qui dicunt &c. quod sunt ibidem omnia subscripta:

Jurati dicunt quod capitale messuagium et gardinum ejusdem cum herbagio et curtilagio valent per annum vj s. viij d.; et unum columbarium valet per annum v s.; et unum molendinum ventriticum valet per annum xx s.; Dominicum.

Et sunt ibi xij acræ grossi bosci unde pannagium et herbagium valent per annum ij s.;

Et sunt ibi xlij acræ terræ maritime in quodam loco vocato Scottesmershe, quarum quælibet acra valet per annum xij d., et est summa xlij s.; Terra Maritima.

Et sunt ibi vij acræ et j roda terræ maritimæ in quodam loco vocato Aldithewisse, Et xlvij acræ et tres rodæ terræ maritimæ in quodam loco vocato Flittermeshe, quarum quælibet acra valet per annum xij d., Et est summa lv s.;

Et sunt ibi xxij acræ terræ maritimæ in duobus locis vocatis Pundfold et Longerech, Et vij acræ terræ maritimæ in quodam loco vocato

Wysshe, Et viij acræ et tres rodæ terræ maritimæ in quodam loco vocato Uppecroft mersshe, Et iij acræ et dimidia terræ maritimæ in quodam loco vocato Redewisshe, et valet qualibet acra per annum xij d., Et est summa xlj s. iij d.;

Et sunt ibi xix acræ j roda terræ maritimæ in quodam loco vocato Berghammesmershe, Et vij acræ in quodam loco vocato Pammershe, Et iij acræ et j roda terræ maritimæ extra Wallam de Flitermersshe et Longereche, Et valet qualibet acra per annum xij d., Et est summa xxix s. vj d.;

Et sunt ibi xv acræ terræ brocalis in quodam loco vocato Swyn-hamme, Et iiij^{xx} vj acræ terræ brocalis, in quodam loco vocato Hoo-brokes, quarum qualibet valet nunc per annum iiij d.; Et prædictæ terræ brocales, si fuerint competenter assewiatæ, valebit qualibet acra per annum x d.; Et est summa iiij li. iiij s. ij d.

Et sunt ibi xviij acræ terræ susanæ in campis vocatis Wellelond et Hammes, Et xxj acræ terræ in campis vocatis Panden et Panylond quarum quælibet acra valet per annum vj d., Et est summa xix s. vj d.;

Et sunt ibi xxiiij acrae terræ et dimidia in campo de Berghamme, et valet quælibet acra per annum vj d., Et est summa xij s. iij d.;

Et sunt ibi xxxiiij acræ terræ in quodam campo vocato Swyn-hamme, Et lvj acræ terræ in quodam campo vocato Hoolonde quarum quælibet acra valet per annum iij d., Et est summa xxij s. vj d.;

Et sunt ibi xxx acræ terræ et dimidia in campis vocatis Eldeton et Furneysllond, Et xij acræ terræ in campis vocatis Pleme et Schebbecroft et Roberdes merssh', et valet qualibet acra per annum iij d., Et est summa x s. vij d. ob.;

Et sunt ibi vj acræ et una roda prati in quodam loco vocato Hoolond', Et vj acræ prati in quodam loco vocato Robertessmersh', Et una acra prati juxta Roberteswode alias Rokeswode, quarum quælibet acra valet per annum xviij d., Et est summa xix s. x d. ob.

Summa acrarum bosci xij acræ.

Summa acrarum terræ arrabilis ccccxliiij acræ dimidia et una roda, unde clxvij acræ iiij rodæ terræ maritimæ, Cj acræ terræ brocalis, Et ciiij^{xx} acræ terræ susanæ.

Summa acrarum prati xij acræ et una rodæ.

Summa totius extentæ prædictæ xviij li. x s. iiij d.

Johannes Pollard tenet unam dimidiam acram in Aldithewisse et debet xviij d. ad quatuor terminos, et debet inde relevium et heriettum. · Liberi tenentes

Johannes Suthinton' tenet unum mesuagium et xl acras terræ et debet iij s. vj d. ad Pascha et Michaelis.

Willielmus de Swynhame tenet unam acram prati in Broco de Swynhame et debet j d. in festo Michaelis.

Radulphus de Leybourne tenet unum cotagium super unam acram terræ in Pundenn' et debet iij s. ad Pascha et Michaelis, et sectam curiæ in Manerio de tribus septimanis in tres septimanas, relevium et heriettum.

Ricardus Knyst de Swynhame tenet duas acras et dimidiam terræ et debet per annum iiij s.

Willielmus atte Knelle tenet duas acras terræ in Aldithewisse et debet per annum iiij s.

Rogerus le Glede tenet unum cotagium et tres rodas terræ et debet ij s. vj d. ad Pascha et Michaelis.

Alexander Hamound tenet unam parvam peciam terræ juxta Aldewisse et debet unam aucam, pretii ij d.

Summa totius redditus liberorum tenentium, cum pretio aucæ, xviij s. ix d.

Dicunt etiam quod Johannes de Caworth tenet unum mesuagium et xxx acras terræ, et debet per annum ij s., Pascha et Michaelis, Et debet unum gallum et duas gallinas ad Natale Domini, pretii iiij d.; Nativi.

Et debet herciare per duos dies ad semen Quadragesimale cum

uno homine et equo proprio et hercia propria, pretium operis iiij d.;
Et percipiet de domino utroque die tres repastus pretii iij d.; Et
sic erit dominus perdens j d.; Et sic nihil valet illa herciatio ad
opus domini;

Et debet cariare fima domini per duos dies cum una curtena
cum duobus bobus propriis, pretium operis viij d.; Et percipiet de
domino utroque die tres repastus pretii ut supra, Et sic valet opus
de claro iij d.;

Et inveniet unum hominem per duos dies ad falcandum pratum
domini, qui potest falcare per æstimationem j acram et dimidiam,
pretium falcationis unius acræ vj d.; Et est summa ix d.; Et percipiet
utroque die iij repastus pretii ut supra, Et sic valet illa falcatio de
claro iiij d.;

Et debet colligere et levare illud idem fenum quod falcaverit,
pretium operis iij d.; Et habebit de domino ij repastus pro uno
homine, pretii j d. ob., Et sic valet opus de claro j d. ob.;

Et debet cariare fenum domini per unum diem cum uno carro et
iij animalibus propriis, pretium operis vj d.; Et habebit de domino
iij repastus pretii ij d. ob.; Et sic valet opus de claro iij d. ob.;

Et debet cariare in autumpno fabas vel avenam per ij dies cum
uno carro et tribus animalibus propriis, pretium operis xij d.; Et
percipiet de domino utroque die tres repastus pretii ut supra, Et sic
valet opus de claro vij d.;

Et debet cariare boscum de bosco domini usque ad manerium per
duos dies in æstate, cum uno carro et tribus animalibus propriis,
pretium operis ix d. Et percipiet de domino utroque die tres repastus pretii ut supra, Et sic valet opus de claro iiij d.;

Et debet invenire unum hominem per duos dies ad falcandum
brueram, pretium operis iiij; et habebit iij repastus utroque die
pretii ut supra; Et sic erit dominus perdens, si receperit opus, j d.;
Et sic nihil valet illa falcatio ad opus domini;

Et debet cariare brueram quam falcaverit, pretium operis v d.;
Et percipiet de domino iij repastus pretii ij d. ob., Et sic valet opus
de claro ij d. ob.;

Et debet averare ad Bellum per ij vices tempore æstivo, utraque vice dimidiam summam frumenti, pretium operis iiij d.; Et percipiet in manerio utraque vice unum repastum pretii ij d., Et sic valet opus de claro ij d.

> Summa redditus, cum pretio gallinarum, ij s. iiij d.; summa pretii operum ij s. iij d. ob.; debiti de dicto Johanne per annum.

Willielmus de Kayworthe tenet unum mesuagium et xxx acras terræ et debet ad Pascha et Michaelis ij s. redditus, Et faciet omnes consuetudines sicut prædictus Johannes de Cayworthe.

Willielmus atte Grene tenet unum mesuagium et xxx acras terræ et debet per omnia sicut dictus Johannes.

Alanus atte Felde tenet unum mesuagium et xvj acras terræ, pro quibus Serviens solvit ad Curiam de Boxle ij s., et debet ad Pascha et Michaelis iiij s., sectam, relevium, et heriettum.

Johannes Lyllingwyst' tenet j mesuagium iiij^{or} acras terræ et debet ad dictos terminos ij s. sectam, relevium, et heriettum.

Idem Johannes tenet unam acram terræ in campo de Hoo et debet ad dictos terminos ij s., sectam, relevium, et heriettum.

Reginaldus atte Denne tenet j mesuagium et xviij acras terræ et debet ad dictos terminos xviij d., sectam, relevium, et heriettum.

Robertus de Northehou tenet iij acras terræ apud Saltcote et debet ad dictos terminos xviij d., sectam, relevium, et heriettum.

> Summa summarum redditus nativorum, cum pretio gallinarum, xx s.
> Summa omnium operum eorundem trium nativorum vj s. x d. ob.

Et memorandum quod omnes supradicti nativi non possunt maritare filias suas nec facere filios suos coronari, nec possunt prostrare meremium crescens in tenementis quæ tenent, sine licentia et visu

Ballivi vel Servientis domini, et hoc ad ædificandum et non aliter;

Et post mortem cujuslibet prædictorum nativorum dominus habebit pro herietto melius animal si quod habuerit, si vero nullam vivam bestiam habeant, dominus nullum heriettum habebit, ut dicunt;

Filii vel filiæ prædictorum nativorum dabunt pro ingressu tene-menti post mortem antecessorum suorum tantum sic[ut] dant de redditu per·annum.

Silvester Sacerdos tenet unam acram prati adjacentem mesuagio suo, et debet inde per annum iij s.

           Summa redditus tenentium ad terminum vitæ iij s.

Petronilla atte Holme tenet unum cotagium et unam peciam terræ et debet ad Pascha et Michaelis sectam, relevium, et heriettum.

Walterus Heryng' tenet unum cotagium et unam peciam terræ et debet ad Pascha et Michaelis xviij d., sectam, relevium, et heriettum.

Isabella Mariner tenet unum cotagium et debet ad festum Michaelis xij d., sectam, relevium, et heriettum.

Jordanus atte Melle tenet unum cotagium et unam acram terræ et dimidiam et debet ad Pascha et Michaelis ij s. sectam, relevium, et heriettum.

Willielmus de Batelesmere tenet unam acram terræ cum uno cotagio et debet ad festum Michalis iij d., et j gallum et j gallinam ad Natale Domini, pretii iij d., sectam, relevium, et heriettum.

Johannes le Man tenet dimidiam acram terræ cum uno cotagio et debet ad festum Michaelis ij s. sectam, relevium, &c.

Johannes Werthe tenet j rodam terræ cum uno cotagio et debet ad dictum terminum xviij d., sectam, relevium, heriettum.

Galfridus Caumbreis tenet dimidiam acram et unum cotagium et debet ad dictum terminum xviij d., sectam, relevium, heriettum.

Willielmus Hassok tenet j rodam terræ et unum cotagium et debet ad dictum terminum, xviij d., sectam, relevium, et heriettum.

Idem tenet tres acras et dimidiam terræ et debet per annum ad festum Michaelis iij s. pro omnibus.

Rogerus Doget tenet dimidiam acram terræ et unum cotagium quæ fuerunt R. Molend[inarii] et debet ad festum Michaelis xviij d., sectam, &c.

Thomas le Brod' tenet unam acram et unum cotagium et debet ad dictum terminum iij s., sectam, relevium, et heriettum.

Willielmus le Colliere tenet unam dimidiam acram terræ et cotagium et debet ad dictum terminum xviij d., sectam, relevium, &c.

Agnes de Cayworthe tenet dimidiam acram et cotagium et debet ad dictum terminum xviij d., sectam, relevium, &c.

Agnes de Badlesmere tenet unam acram terræ et cotagium et debet ad dictum terminum iij s., sectam, relevium, &c.

Willielmus atte Whaunne tenet unam acram terræ et debet ad Pascha et Michaelis ij s., et relevium.

Ranulphus Fichs tenet unam acram terræ quæ fuit Mabiliæ Coupere et debet iij s. ad festum Michaelis.

Johannes Molend[inarius] tenet dimidiam acram terræ quæ fuit dictæ Mabiliæ et debet ij s. ad dictum terminum.

Johannes Coupere tenet unum cotagium dictæ Mabiliæ, de feodo de Bexle, et debet xij d ad dictum terminum.

Summa redditus dictorum coterellorum, cum pretio gallinarum, xxxiiij s. vj d.

Et memorandum quod omnes dicti coterelli facient quoad filias suas maritandas, filios suos coronandos, et quoad meremium prosternendum et heriettum reddendum, et etiam ad fines pro ingressu faciendas, sicut Johannes de Cayworthe et alii nativi antedicti, exceptis tribus ultimis de feodo Episcopi.

Item fines et amerciamenta cum heriettis et releviis valent per annum v s.

TENEMENTA ADQUISITA DE FEODO DOMINI EPISCOPI
CICESTRENSIS, DE TENURA MANERII DE BIXLE.

Item sunt ibidem viij acræ et dimidia terræ maritimæ in quodam
marisco vocato Roberdesmersche et valet quælibet acra xij d.;

Et sunt ibidem xxxiiij acræ terræ in campis vocato Mellefeld' et
Pendlond', Et v acræ terræ in campo vocato Densexe; et valet
quælibet acra vj d.;

Et sunt ibi xlix acræ terræ in campo vocato Goddyngele et valet
quælibet acra per annum iij d. ;

Et sunt ibidem quædam peciæ de bruere, jacentes per diversas
particulas, quæ valent per annum xij d.

Summa acrarum iiij^{xx}xvj acræ et dimidia, de quibus
de terra maritima viij acræ et dimidia.

Summa totius extentæ prædictæ xlj s. iij d.

Willielmus atte Knelle tenet unum mesuagium et quinque acræ
terræ de Mellefeld' et debet x s. ad iiij^{or} terminos principales et
sectam ad halimotam de tribus septimanis in tres septimanas,
relevium, et heriettum.

Johannes Pollard tenet unum mesuagium et duas acras terræ et
debet ad festum Michaelis x d. ob., relevium, et heriettum.

Summa redditus x s. x d. ob.

Jacobus atte Crouche tenet per uxorem suam unam acram terræ
et unum cotagium et debet ix d. ad Pascha et Michaelis, relevium,
et heriettum.

Alicia Foghelere tenet unam acram terræ et unum cotagium et
debet vij d. ad festum Michaelis, relevium, et heriettum.

Walterus le Gardener tenet unum cotagium et tres acras terræ
et debet xiiij d. ad festum Michaelis, relevium, et heriettum.

Willielmus Cok tenet unum cotagium et debet xvj d. ad Pascha
et Michaelis, relevium, et heriettum.

Idem Willielmus tenet dimidiam rodam vocatam Pundfold et debet per annum iiij d.

Willielmus atte Whaunne tenet unum cotagium et duas acras terræ et debet iiij s. ad Pascha et Michaelis, relevium et heriettum.

Petronilla de Caldecote tenet unum cotagium et vij acras terræ et debet xx d. ad festum Michaelis, relevium, et heriettum.

Summa redditus Coterellorum ix s. ix d.

Summa redditus totius feodi de Bixle xx s. viij d. ob.

Summa totius extentæ dicti feodi lxj s. xj d. ob.

Scriptum obligatorium Abbatis et Conventus de Bello de ij s. annui redditus pro relaxatione sectæ de Bixle, salva secta tenentium.

Omnibus Christi fidelibus ad quos præsens scriptum pervenerit Reginaldus dei gratia Abbas de Bello et ejusdem loci Conventus Salutem in Domino sempiternam: Noveritis quod nos tenemur solvere singulis annis imperpetuum Domino Johanni Episcopo Cicestrensi et successoribus suis Episcopis Cicestrensibus ij s. annuatim ad Manerium de Bixle, pro secta quam prædictus Episcopus nobis remisit et quietam clamavit de tenementis quæ habemus de dono Sibillæ de Icklesham et de dono Sainfridi de Somery in Bernehorne et Codyngle, ad duos anni terminos, videlicet ad Pascha xij d. et ad Festum Michaelis xij d.; Et ideo volumus et concedimus quod Ballivi prædicti Episcopi et successorum suorum destringant prædicta tenementa pro prædicto redditu quotiens in solutione ejusdem fuerit cessatum; Et quod, si tenentes prædicta tenementa inhabitaverint, sequitur hundredum prædicti Episcopi de Bixle pro capitibus suis, quamdiu fuerint ibidem residentes. In cujus rei testimonium sigilla nostra præsenti scripto fecimus apponi. Datum apud Bellum in Crastino Sancti Benedicti in Capitulo nostro anno domino millesimo cclxj.

RENTAL and CUSTUMAL of the Manor of ALSISTON, Co. Sussex. Temp. Edward I.

[Liber Regius de Bello, fol. 23-27.]

REDDITUS, SERVITIA, ET CONSUETUDINES MANERII DE ALSISTON'.

Radulphus Bedellus tenet j wistam	ij s. ob. qᵃ et ij vomeres		iij d. ob.
Idem tenet j magnam wistam	ij s. vij d.	j d.	iij d.
Rogerus a la Laye tenet dimidiam hidam	iiij s. ob. et ij vomeres	j d.	v d. ob.
Robertus Thurban tenet j hidam	viij s. j d. ob.	ij d.	xij d.
Ricardus Niweman tenet dimidiam hidam	iiij s. ob.	j d.	v d. ob.
Idem tenet unam wistam	ij s. ob. qᵃ	j d.	iij d. ob.
Radulphus de Fraxino tenet iij wistas	vj s. j d. ob. qᵃ	j d. ob.	xij d. ob. qᵃ
Idem tenet unam magnam wistam	ij s. vij d.	j d.	iij d.
Radulphus Terri tenet dimidiam hidam	iiij s. j d. ob.	j d.	vj d.
Ricardus Norreys tenet dimidiam hidam	iiij s. ob.	j d.	v d. ob.
Gocelinus Rufus tenet dimidiam hidam	iiij s. j d.	ij d.	vj d. ob.
Ricardus Molendarius tenet dimidiam hidam	iiij s. j d. ob.	ij d.	vj d. ob.

Nicholaus de la Wyke
tenet j wistam   ij s. q^a   j d.   ij d. ob. q^a
Thomas Bissop tenet
dimidiam hidam   iiij s. ob.   v d. ob.
Robertus de la Hale
tenet dimidiam hidam   iiij s. j d. ob.   ij d.   vj d.
Willielmus de la Hale
tenet dimidiam hidam   iiij s. ob.   j d.   v d. ob.
Ricardus Aleman tenet
unam wistam   ij sol. q^a   j d.   ij d. ob. q^a
Rogerus Norreys tenet
dimidiam hidam   iiij s. ob.   j d. ob. v d. ob.

Summa lxviij s. iij d. ob. q^a. Summa xxj d. Summa
viij s. v d. q^a.

Willielmus Præpositus tenet j wistam pro xij d. per annum, quos
non solvit quam diu est in præpositura.

Radulpho Terry remittitur ob redditus.

Gocelino Rufo, ob.

Rogero Norreys, ob. q^a.

Prædicta remissio redditus facta fuit prædictis, de termino Sancti
Thomæ Apostoli, pro terra eorundem quæ inclusa fuit cum prato
domini.

Quælibet dimidia hida debet ad Natale j gallum et iij gallinas.
Summa lxvj; Et ad Pascha xx ova.

Summa ovorum cccxxx.

Et sciendum quod quælibet dimidia hida debet domino, qualibet
die qua licet operari, opus unius hominis quicquid ei injungitur.

Si trituratio bladi injungitur, iij homines debent triturare in die
dimidiam summam et dimidium bussellum de frumento, vel ij
homines dimidiam summam de ordeo, vel unusquisque vj bussellos
de avena;

De fabis et vescis sicut de frumento;

Et debent triturare in quocumque orreo eis præcipitur, infra manerium tantum, ut dicunt;

Et debent ventilare quicquid triturant et portare ad granarium, et, si longe fuerit granarium, debent averiis suis cariare;

Et trituratio tanti bladi ut prædictum est, et ventilatio et cariatio, pro opere unius diei allocatur.

Si opus fossorium injungitur, debent in die duo homines de novo fossato facere j perticatam, v pedum latitudine, vel unusquisque de veteri fossato j perticatam reparare;

Si aliud opus injungitur, debent operari quousque pares eorum perfecerint opus suum in orreo;

Si injungitur ire ad carucam vel herciam, debent hoc facere quousque tempus sit carucam disjungere;

Quando torrare debent, scilicet glebas frangere ad ordeum, vel oves lavare vel tondere, bladum sarculare, falcare, vel fenum colligere, debent operari tota die excepta hora comedendi;

Ad colligendum fenum debet quælibet dimidia hida invenire j hominem per unum diem, præter opus unius hominis cotidianum;

Et similiter j hominem per unum diem ad tassandum fenum et ad falcationem prati; debent habere cibum uno die, et debent cariare totum fenum, scilicet quælibet dimidia hida cum duobus bobus;

Item, si opus fuerit, quælibet dimidia hida debet invenire ij homines ad metendum in campo domini et habere decimam garbam, vel, si dominus maluerit, quælibet dimidia hida debet metere in die j acram de frumento vel de avena, vel dimidiam acram ordei vel vesciarum, cum quot hominibus voluerit et habere decimam garbam;

Debent cariare totum bladum, scilicet quælibet dimidia hida cum duobus bobus;

Item quælibet dimidia hida debet invenire ad fimum extrahendum duos homines et ij boves, quousque totum extrahatur;

Item quælibet dimidia hida debet arare j acram ad frumentum semel, et seminare dimidiam illam acram de proprio semine;

Item debet arare j acram ad ordeum bis, et ij acras ad avenam semel, et debent cariare semen de granario in campum ad seminandum terram quam arant, et herciare debent quicquid arant;

Item quælibet dimidia hida debet cariare per annum quatuor carcatas ad focum domini, set non longius quam a Grimbrok ut dicunt, et quando dominus ædificat, j carcatam meremii, quilibet dabit juvamen careariis;

Item, si necesse fuerit quærere bladum apud Seford, vel alibi prope, debet quælibet dimidia hida ire cum averio uno bis in die, et allocabitur pro opere unius diei; si longius, semel tantum debet ire;

Item quælibet dimidia hida debet invenire et facere quatuor cheveruns et omnia pertinentia in parietibus, et coopertura ad hlosam domini, excepto magno meremio; ita quod oves domini conserventur indempnes, et hoc allocabitur pro opere duorum dierum omni anno.

Item quælibet dimidia hida debet averare ad Bellum omni die, Lunæ, quod si jumentum suum moritur vel pullum pariat, quietus erit de uno averagio, set operabitur;

Item debent averare ubicumque et quandocumque eis præcipitur, set, nisi potuerint nocte redire ad propria, debent esse ad sumptus domini;

Et sciendum quod quando averant, arant, vel cariant, quieti sunt de opere cotidiano;

In autumpno vero, si cariaverint tres cariatas bladi, et impediti fuerint per pluviam amplius cariare, quieti erunt ipsa die de opere suo; Si minus tribus careatis cariaverint, non erunt quieti set triturabunt vel aliud opus sibi injunctum facient;

Et sciendum quod quælibet dimidia hida continet ij wistas, unde quælibet wista debet medietatem omnium prædictorum;

Duæ tamen sunt magnæ wistæ, quas tenent Radulphus Bedellus et Radulphus de Fraxino, a festo Sancti Johannis usque ad festum Sancti Michaelis; debent facere quantum facit dimidia hida, scilicet sarculando, falcando, fenum vel bladum ducendo, et in aliis operibus, excepto quod non metit nec triturat;

Item utraque istarum debet ire pro j careata meremii ad faciendum aratra, ubi præcipitur;

Et si opus fuerit, debent invenire hospitium hospitibus Abbatis vel monachorum, et equis;

Item istæ duæ wistæ debent ducere et reducere porcos domini ad nemus, tempore pannagii, ad Bellum vel Limenesfeld;

Item utraque istarum debet habere xix oves et j multoñem in pastura domini quæ vocatur Westdun';

Et sciendum quod quilibet prædictorum, de qualibet sue quam habuerit, debet dare domino j purcellum ablactatum, scilicet quando secundo porcellaverit, et non amplius.

COTTARII DE ALSISTUN'.

Robertus Upeheye, Johannes Wodegos, Margeria relicta Willielmi carpentarii, Matilda relicta Alurici, quilibet istorum quatuor debet ad festum Sancti Thomæ xij d.; Et a festo Sancti Michaelis usque ad tempus sarculationis debet quilibet qualibet ebdomada duo opera, scilicet die Lunæ et die Veneris, ut dicunt, et non alia opera facere nisi triturare et torrare, id est glebas frangere, et spargere fenum quando necesse fuerit, ut dicunt; Et ad Natale Domini debet unusquisque cariare vel portare ad Bellum xij gallinas, et ad Pascha ccl ova, et quieti erunt de opere xij diebus Natali, et a die Paraceves usque ad octabas Paschæ;

Sarculabunt quamdiu aliquid sarculandum est;

Tempore lanæ tondendæ, debent jungiter interesse ad oves congregandas et fugandas ad aquas, et lanam simul colligendam;

Tempore feni et bladi, debet unusquisque invenire j hominem quamdiu durat, ad spargendum et colligendum et tassandum fenum et ad bladum tassandum.

Edithæ relictæ Roberti Upeheye remissi fuerunt iij d. redditus, pro terra ejusdem inclusa ad pratum domini.

Notandum quod tres wistæ de prædictis wistis, et duæ magnæ

wistæ, et wista quam Willielmus Præpositus tenet, nichil solebant facere de hlosa.

Memorandum quod reparatio hlosæ remissa fuit pro xxj d. solvendis per annum, et dedunt de fine pro eodem x s., ut quieti esse possent per redditum prædictum, unde vj homines sunt de Thelinton' qui solvunt illum redditum.

	Thomæ Apostoli	Hokeday	Sancti Johannis	Sancti Michaelis
Willielmus Pelliparius	vj d.	vj d.	vj d.	vj d.
Alanus Coopertor	vj d.	vj d.	vj d.	vj d.
Nicholaus de Cobbetot'	vj d.	vj d.	vj d.	vj d.
Walterus Cat	vj d.	vj d.	vj d.	vj d.

Quilibet istorum quatuor debet esse ad fenum colligendum, et per quatuor dies ad cibum domini.

Willielmus Poidras	vj d.	vj d.	vj d.	vj d.
Relicta Page	xiij d. ob.		xiij d. ob.	
Martinus Bercarius	vj d.	vj d.	vj d.	vj d.

Quilibet istorum trium debet esse ad fenum colligendum, et per duos dies ad cibum domini.

Johannes de Chinting'	xiij d.		xiij d.

Iste solus debet esse ad bladum tassandum, et per ij dies ad cibum domini.

ISTI SUBSCRIPTI TENENT TERRAS DE QUIBUS NON FACIUNT ALIQUOD SERVITIUM.

Robertus de Thurban, pro j crofta	xvj d.		
Radulphus Terri, pro mesuagio	j xvj d.		
Willielmus Rufus	xij d.	xij d.	ij s.
Adam Beste	xxj d.		xxj d.

	Thomæ Apostoli	Hokeday	Sancti Johannis	Sancti Michaelis
Willielmus Præpositus, pro terra Dyon'	ix d. iij d.	ix d. iij d.	ix d. iij d.	ix d. iij d.
Radulphus faber	vj d. ob.	vj d.	vj d.	vj d.
Willielmus Potenina, Bercarius	vj d.	vj d.	vj d.	vj d.

Summa xij s. iiij d. ob. Summa vj s. Summa viij s. Summa vij s.
viij d. ob.

Memorandum quod relicta Willielmi præpositi debet vj d. ad
Pascha et festum Sancti Michaelis pro domo tannatoris ;

Item Willielmus præpositus tenet libere quamdiu vixerit j wistam,
et debet idem xij d., quos non solvit quamdiu est in præpositura.

TELETUN'.

Adam de Suthintun', Willielmus, Jordanus, Adam de la Lote,
Brthtwi, Ricardus Dunlond, quilibet istorum vj tenet dimidiam
hidam, et debet ad festum Sancti Thomæ iij s. v d. ad Hokeday j d.,
ad festum Sancti Johannis v d. ob., et ad Natale j gallum et iij
gallinas, et ad Pascha xx ova;

Et debet unusquisque facere pro dimidia hida sua quicquid facit
dimidia hida de Alsistun'.

Et notandum quod isti vj debent communare cum Abbate de
Begeham et nobiscum in pastura de Duna de Teletun', quam
habemus de Willielmo Pessun.

TENENTES DE TERRA PESSOUN.

Mabilia Postel, viij d.; Richard Spuhard', iij s.; Alanus de
Teletun', vj d.; Bartholomæus mercator, xiiij d. ;

Terminus istorum est ad Purificationem ;

Et nos debemus pro terra Pesson dimidiam marcam ad eundem
terminum ad wardam castri.

CLOPPHAM.

Gocelinus de Cloppham tenet dimidiam hidam, et debet ad festum Sancti Thomæ iij s. vj d., ad Hokedai ij d., ad festum Sancti Johannis vj d. ob., ad Natale iij gallinas, et ad Pascha xx ova ;
Et debet facere per omnia sicut dimidia hida de Alsistun'.

·LULLINTUN'.

	Thomæ Apostoli	Hokeday	Sancti Johannis
Ricardus Orul tenet unam hidam	ix s. vij d.	ij d.	xiij d.
Humfrey tenet dimidiam hidam	iiij s. xj d.	iij d.	vj d. ob.
Johannes Blundus tenet dimidiam hidam	iiij s. x d.	ij d.	vj d. ob.
Gilebertus Plot tenet dimidiam hidam	iiij s. ix d.	j d.	vj d. ob.
Bartholomæus Blundus tenet dimidiam hidam	iiij s. ix d.	j d.	vj d. ob.

Quælibet dimidia hida debet ad Natale iij gallinas, et ad Pascha xxj ova;

Item quælibet dimidia hida debet arare unam acram et dimidiam et quindecim sulcos ad frumentum, et seminare totum de proprio semine ;

Item debet arare unam acram et dimidiam ad ordeum bis, et unam acram et dimidiam ad avenam vel ad vescias, et omnia alia opera facere sicut dimidia hida de Alsistun'.

ALURICHTUN'.

	Thomæ Apostoli	Hokeday	Sancti Johannis
Walterus Senex tenet dimidiam hidam	iij s. iij d.	j d.	v d. ob.
Warinus de Middetun' tenet dimidiam hidam	iij s. ij d.	j d.	v d. ob.

	Thomæ Apostoli	Hokeday	Sancti Johannis
Radulphus Chapell' tenet dimidiam hidam	iij s. ij d.	j d.	v d. ob.
Henricus de Middetun' tenet dimidiam hidam	iij s. ij d.	j d.	v d. ob.
Willielmus Laverke tenet dimidiam hidam	iij s. ij d.	j d.	v d. ob.

Quælibet dimidia hida de Alurichtun' debet ad Natale iij gallinas, et ad Pascha xx ova;

Quælibet dimidia hida de Alurichtun' debet omnia sicut dimidia hida de Alsistun', hoc excepto, quod ubi dimidia hida de Alsistun' arat ij acras ad avenam, dimidia hida de Alurichtun' non debet arare nisi j acram ad vescias;

Item sciendum quod quælibet dimidia hida de Cloppham, Lullintun', et Alurichtun', debet cariare tantum duas careatas ad focum ad Curiam de Alsistun', et quælibet j careatam meremii;

Set debent prosternere et cariare clausturam ad tres curias, videlicet Cloppham, Lullintun', et Alurichtun', quantum necesse est.

Cotarii de Cloppham, Lullintun', Alurichtun'.

	Thomæ Apostoli	Sancti Johannis
Johannes Bret	ix d.	ix d.
Gunnora relicta Nicholai	vj d.	vj d.
Thomas Carpentarius	ix d.	ix d.
Galfridus Ruter	ix d.	ix d.
Walterus Cole	ix d.	ix d.
Walterus Senex prædictus.	xviij d.	

Quilibet istorum sex, tempore lanæ tondendæ, debet invenire j hominem ad oves congregandas et fugandas ad aquas, lanam simul colligendam, et ad sarclandum quamdiu aliquid est sarclandum, et ad fenum spargendum, colligendum, et tassandum, et ad bladum tassandum usque ad finem.

	Thomæ Apostoli	Hokedai	Sancti Johannis	Sancti Michaelis
Henricus Textor	ix d.	ix d.	ix d.	ix d.
Robertus Textor	iij d.	iij d.	iij d.	iij d.
Walterus Liber tenet j wistam	xviij d. ob.	xviij d. ob.		

Uterque istorum Henrici et Roberti Textorum debent duo opera in autumpno quicquid injungitur ;

Iste Walterus debet invenire j homine ii per j diem ad extrahendum fenum de Broco de Lullinton'; Et j averagium ad Seford' ad singulas naves ibi cum blado domini applicantes.

Fulcherus textor	vj d.		vj d.

Iste Fulcherus debet opus unius hominis per unum diem in prato domini, et comedere cum hidariis.

LIBERE TENENTES IN CLOPPHAM, LULLINTUN', ET ALURICHTUN'.

	Thomæ Apostoli	Hokeday	Sancti Johannis	Sancti Michaelis	
Johannes Horsman	vj d.		vj d.		Clopham
Aldelinus	vij d. ob.		vij d. ob.	vij d. ob.	
Walterus Cokey	vj d.		vj d.		Lullintun'
Lucia relicta Thurban	vj d.	vj d.	vj d.	vj d.	
Helewisa relicta Carpentarii	vj d.	vj d.	vj d.	vj d.	
Symon Bercarius	vj d.		vj d.		
Robertus de la Gare tenet j hidam	vij s. iij d.		vij s. iij d.		
Idem, pro prato de la Hore	iij d. ob.	iij d.	iij d. ob.	iij d.	

Iste Robertus, præmunitus a serviente de Alsistun', debet ire cum eo ad omnia negotia Abbatis sumptibus ipsius Abbatis.

	Thomæ Apostoli	Hokeday	Sancti Johannis	Sancti Michaelis
Robertus Huser tenet dimidiam hidam	iiij s. ix d.			
Et debet arare et seminare sicut dimidia hida de Lullintun'				
Idem, pro una crofta	vj d.			
Johannes Lot, pro una acra	iiij d. ob.	iiij d. ob.	iiij d. ob.	iiij d. ob.

ALURICHTUN'

	Thomæ Apostoli	Hokeday	Sancti Johannis	Ad Vincula	Sancti Michaelis
Bricius textor	iij d.		iij d.		
Gilebertus Kech	v d.	v d.	v d.		v d.
Willielmus Kyrie	iij d. iij d.	iij d.	iij d. iij d.		iij d.
Joseph textor	xiij d.	xiij d.			
Johannes Lot, pro dimidia acra prati,	j d.	j d.	j d.		j d.
Walterus Senex prædictus, pro j crofta,	vj d.	vj d.		vj d.	vj d.
Johannes Bull'	xij d.	xij d.	viij d.		vj d.
Radulphus Bataille	viij d.				
Willielmus Laverke prædictus, pro quadam terra,	iiij d.	iiij d.			

Et sciendum quod omnes tenentes de Alsistun', Teletun', Cloppham, Lullintun', Alurichtun', excepto Roberto de la Gare, quando braciant tenentur mittere ad Curiam de Alsistun' unum picherum, ad minus de duobus galonibus, et datur eis parvus panis.

BLECHINTUN'

	Thomæ Apostoli	Hokeday	Sancti Johannis
Radulphus Thurgar tenet j wistam	ij s. iij d.	ij s. iij d.	ij s. ij d.
Robertus frater ejus tenet j wistam	ij s. iij d.	ij s. iij d.	ij s. ij d.
Nicholaus filius Bartholomæi tenet dimidiam hidam	iiij s. vj d.	iiij s. vj d.	iiij s. iiij d.
Ricardus de Ecclesia tenet dimidiam wistam	xiij d. ob.	xiij d. ob.	xiij d.
Willielmus Gloucunister tenet dimidiam wistam	xiij d. ob.	xiij d. ob.	xiij d.
Ricardus de Munt tenet dimidiam wistam	xiij d. ob.	xiij d. ob.	xiij d.
Johannes le Kyng tenet dimidiam wistam	xiij d. ob.	xiij d. ob.	xiij d.
Willielmus Herebrand tenet unam wistam	ij s. iij d.	ij s. iij d.	ij s. ij d.
Symon Goding tenet j wistam	ij s. iij d.	ij s. iij d.	ij s. ij d.
Rogerus Jordan tenet unam wistam	ij s. iij d.	ij s. iij d.	ij s. ij d.
Radulphus textor tenet unam wistam	ij s. iij d.	ij s. iij d.	ij s. ij d.
Herebrande tenet unam wistam	ij s. iij d.	ij s. iij d.	ij s. ij d.
Randolphus Monachus tenet unam wistam	ij s. iij d.	ij s. iij d.	ij s. ij d.
Walterus Prat tenet unam wistam	ij s. iij d.	ij s. iij d.	ij s. ij d.
Ricardus filius Nicholai tenet dimidiam hidam	iiij s. vj d.	iiij s. vj d.	iiij s. iiij d.

Omnes isti debent in communi ad festum Sancti Thomæ xj d., ad hlosam domini emendandam ;

.

Et debet invenire xj homines ad fenum extrahendum de Broco de Lullintun' per j diem ;

Et xij averagia ad cariandum bladum de Seford' usque Alsistun' semel, de singulis navibus cum blado domini ibi applicantibus ;

Et debent arare in communi j acram et dimidiam, circa Purificationem ;

Et, quia longe distant a dominico Abbatis, solebant facere finem pro arura cum serviente de Alsistun', pro tribus solidis [*et modo iiij s.*]

Willielmus Lacat tenet dimidiam wistam	xij d.	xij d	xij d.
Robertus Molendinarius tenet dimidiam wistam	xij d.	xij d.	xij d.

Isti duo debent j millenarium allecium contra Quadragesimam, quale serviens elegerit, et portare ad Curiam de Alsistun'; [*qui quidem tenentes dictas dimidias wystas modo solvunt xiij s. pro redditu et allicibus.*]

Omnes prædicti de Bletchintun' debent cuilibet novo Abbati relevare terram suam quantum est redditus ipsorum.

BOCHOLT', TENENTES DE BOSCAGIO.

	Thomæ Apostoli	Hokeday	Sancti Johannis	
Martinus Hoppere, [*nunc Prior de Michelham,*]	ij s. x d. ob.	ob.	ob.	
Symon Burgeys	x d. ob.	ob.	ob.	
Radulphus de Plays	xviij d	xviij d.	xviij d.	xviij d.
Walterus de la Hes' et Radulphus frater ejus	xx d. ob.	j d.	iij d. qª	

Isti duo tenent j wistam, et debent habere j carrum cum uno homine ad fimum extrahendum quousque extrahatur;

Et j equum ad avenam herciandam quousque perficiatur;

Et invenire unum hominem ad fenum extrahendum de Broco de Lullintun' per j diem;

Et invenire j hominem ad bladum tassandum per totum autumpnum;

Et averare bladum de Seford', scilicet dimidiam summam de singulis navibus ibi adventantibus;

Item debent in Quadragesima l tyndag.

Willielmus Harding	xv d.
Radulphus frater ejus	xij d.

Isti duo debent invenire j hominem ad Brocum de Lullintun' per j diem, et j averagium ad Seford' sicut prædicti.

Idem Radulphus, Thomas,
et Herveus de la Hes'   xx d.   ij d.   iij d qᵃ.

Isti tres tenent j wistam et debent per omnia sicut prædicti Walterus et Radulphus pro sua wista.

Herveus prædictus	v d. ob.
Robertus filius Willielmi	v d.

Sternerse.

Symon de Sternerse tenet j wistam et debet ad festum Sancti Thomæ ij s. et j vomerem, ad Hokeday ij s. vij d. ob.; ad festum Sancti Johannis ij s., ad festum Sancti Michaelis ij s. vij d. ob.;

Iste debet invenire unum hominem per j diem ad extrahendum fenum et colligendum in Broco de Lullingtun', et j averagium ad Seford pro blado domini;

Isti remissus fuit redditus xv d. et j vomeris, quando inclusus fuit boscus de Sternerse, scilicet anno Domino m°cc°lij°, quia vj acras terræ suæ inclusimus cum bosco.

SALTLAND'.

Muriel de Hemsted' debet ad festum Sancti Martini j ambram salis et dimidiam;

Herveus le Vole debet ad eundem terminum j ambram salis et dimidiam;

Matilda de Peclond' debet ad eundem terminum j ambram salis et dimidiam, et ad festum Sancti Thomæ j vomerem;

Helyas de Caldecot' debet ad festum Sancti Thomæ ij s., ad Hokeday iij s.

LINDERLE.

Willielmus Franceys debet ad festum Sancti Thomæ xv d. ob., ad Hokeday xv d.;

Rogerus Parsone ad festum Sancti Michaelis, ob.

SIRMTUN'.

	Thomæ Apostoli	Hokeday	Sancti Johannis	Sancti Michaelis
Henricus Dudel	ix d.	ix d.	ix d.	ix d.
Hida de Sirmton'	ij s. vj d.	ij s. vj d.	ij s.	ij s. vj d.
Cecilia	vj d.	vj d.	vj d.	vj d.

REDDITUS DE PRIORE DE MICHELEHAM.

Prior de Micheleham debet v s. ad Pascha, et v s. ad festum Sancti Michaelis, pro refluxu aquæ molendini sui super terram prædicti Symonis de Sternerse, Et ideo remissus fuit dicto Symon' redditus duorum solidorum per annum de redditu viij s. qu' remanserunt.

REDDITUS DE SHORHAM ET BREMBR'.

	Thomæ Apostoli	Ad vincula Sancti Petri	
Robertus Death		ix d.	
Humfridus Hunte		ix d.	Nova Shorham.
Isabella filia Roberti		ix d.	
Radulphus le Welle		iiij d. ob.	
Willielmus filius Radulphi de Crace		iiij d. ob.	
Johannes Baudefar	v s.	v s.	Vetus Shorham.
Rogerus de Wyke	ij s. vj d.	ij s. vj d.	
Willielmus Abbot	ij s. vj d.	ij s. vj d.	
Andreas Peverel	ij s.	ij s.	
Robertus de Heselholt'	xviij d.	xviij d.	
Willielmus de la Dene	iij s.	iij s.	Brembr'.
Willielmus Attewude	ij s.	ij s.	
Willielmus Skiret	vij d.		
Relicta Symonis clerici	xij d.		
Alicia, relicta Cementarii,	vj d.		
Philippus Brun	vj d.		
Robertus Burre	vj d.		
Letia, relicta Willielmi,	xij d.		
Summa xxij s. vij d.		Summa xxj s. vj d.	

Memorandum quod debentur Curiæ de Laghtone pro communi pastura super la Dikere pertinente ad terram de Sternerse, ad Natale j gallina, ad Pascha j d. et x ova.

RENTAL and CUSTUMAL of the Manor

Co. Kent. Temp.

[Liber Regius de

REDDITUS DE DYNGEMARESCO,

	Epiphaniæ	Hockeday
Ricardus Kynet	ij s. j d.	ij s. j d.
Idem et Walterus Kydelman, pro Johanne Skineleuere	iij d. ob.	iij d. ob. q^a
Idem Ricardus Kynet, pro heredibus Eleteæ filiæ Ricardi	v d. ob.	v d. q^a
Item idem Ricardus Kynet et heredes Johannis Willem, pro Martino Sprot	ix d.	ix d.
Heredes Thomæ Kynet	ij s. j d.	ij s. j d.
Humfridus Roger, pro Willielmo le Helte	ij d.	ij d.
Ricardus le Lewere, pro heredibus Alani Robert	iij d.	iij d.
Hamo Waryn	x d. ob.	x d. ob.
Adam et Ricardus, filii Willielmi de la Curt	v d. ob.	v d. q^a
Heredes Girardi, Johannis, Roberti atte Wyke	xxiij d.	xxiij d.
Godelena, filia Godefridi atte Wyke, et participes ejus	xvj d.	xvj d.
Johannes Gilebert	vj d.	vj d.
Hamo Oter, et participes ejus	vij d.	vj d. ob.
Thomas Lambert de Dover'	xiiij d. ob. q^a	xiiij d. ob. q^o
Johannes, filius Johannis Thurgar, et participes ejus	xij d.	xj d. ob. q^a
Idem, pro terra relictæ le Milkere	iij d. ob.	iij d. ob. q^a

of DYNGEMARES (Dengemarsh)

Edward I.

Bello, fol. 31-35.]

SOLVENDI ANNUATIM.

Sancti Johannis Baptistæ	Sancti Michaelis	HERTHELD Sancti Thomæ Apostoli	ROMESCOT Sancti Petri ad Vincula
ij s. j d.	ij s. j d.		
iij d. ob. q^a	ij d. ob.		
v d. q^a	v d.		
ix d.	ix d.	j d.	j d. cum uxore et sine
ij s. j d.	ij s. j d.		
ij d.	ij d.	ob.	ob.
			}cum uxore et sine
iij d.	iij d.	ob.	ob.
x d.	x d.	ij d.	j d. cum uxore et sine
v d. q^a	iiij d. q^a		
xxiij d.	xxij d.	ij d. Item q^a de grangia	ij d. Item q^a cum uxore et sine
xvj d.	xiiij d. ob. q^a	j d. Item ob. de grangia	j d. cum uxore
vj d.	vj d.	ij d.	j d. cum uxore et sine
vj d. ob.	vj d.	j d.	j d. cum uxore
xiiij d. ob. q^a	xij d. ob. q^a	j d.	j d. cum uxore
xj d. ob. q^a	xj d. ob. q^a	iij d.	iij d. cum uxore et sine
iij d. ob. q^a	ij d. ob.		

	Epiphaniæ	Hockeday
Item Johannes filius Johannis Thurgar, et participes ejus, de redditu Symonis le Fant, de novo	ij d.	ij d.
Idem, de redditu Godring, de novo	ij d.	ij d.
Idem, pro Ada de Aqua	j d. q^a	j d. q^a
Heredes Adæ Peytevin, pro Cristina Ailnoht	v d. ob.	v d. ob.
Iidem, pro Willielmo Peytevin, avo ejus	iiij d.	iiij d.
Nicholaus filius Alwyni Wulnoht et participes ejus	viij d. q^a	viij d. q^s
Adam et Nicholaus Witesone	viij d.	viij d.
Rogerus filius Ricardi Spite	iij d.	iij d. ob.
Idem et participes ejus, pro heredibus Blakeman Spite	ij d.	ij d. ob.
Heredes Thomæ Richard, pro Waltero et Huwelin Spite	iiij d.	iiij d.
Thomas filius Johannis Rogeri Thurgar	v d.	v d.
Godwinus de Grinesby, pro Ada Cotrake	v d.	v d.
Heredes Adæ Asse	v d.	v d.
Hamo le Bret, pro Ricardo Betewater	v d.	v d.
Heredes Johannis le Longe pro Alwyno le Revere	j d.	j d.
Heredes Johannis le Longe, de redditu Symonis le Fant, de novo	j d.	j d.
Rogerus Kenep et participes ejus	j d. ob.	j d. ob.
Relicta Gilberti Barrok et participes ejus, pro Cristina de Hethe	xv d. ob.	xv d. ob.
Matilda de Burgherse	xiij d.	xiij d.
Heredes Edwardi Knocte	ix d.	ix d.
Johannes le Hore, pro Martino Sweyn	ij d.	ij d.
Alwynus Heremer	vj d. ob q^a	vj d. ob.
Nicholaus et Johannes filii Symonis Quic	ij d. ob.	ij d. ob.
Johannes filius Godring et participes ejus	ij s. v d.	ij s. v d.
Idem et participes ejus, pro terra matris, Aldemoderland'	ij d. ob.	ij d. ob.

Sancti Johannis Baptistæ	Sancti Michaelis	HERTHELD Sancti Thomæ Apostoli	ROMESCOT Sancti Petri ad Vincula
ij d.	ij d.		
j d. q^a	j d. q^a	j d.	j d. cum uxore
v d. ob.	iiij d. ob.	j d.	j d. cum uxore
iiij d.	iiij d.	j d.	j d. cum uxore
viij d. q^a	vij d. q^a	j d.	j d. cum uxore
viij d.	vj d.	j d.	j d. cum uxore
iij d.	ij d.	j d. ob.	j d. cum uxore
ij d.	j d. ob.	j d.	j d. cum uxore
iiij d.	iiij d.		
v d.	iiij d.	j d.	j d. cum uxore
v d.	v d.	j d.	j d. cum uxore
v d.	v d.	ob.	j d. cum uxore
v d.	v d.	ob.	j d. cum uxore
j d.	j d.		
j d.	j d.		
j d. ob.	j d. ob.	j d.	j d. cum uxore
xv d. ob.	xv d. ob.		
xiij d.	xiij d.		
ix d.	viij d.	j d.	j d. cum uxore
ij d.	ij d.	ob.	ob. cum uxore et sine
vj d. ob. q^a	v d. ob.	j d.	j d. cum uxore
ij d. ob.	ij d. ob.	j d.	j d. cum uxore
j s. v d.	ij s. v d.		
j d. ob.	ij d. ob.	j d.	j d. cum uxore

	Epiphaniæ	Hockeday
Idem et participes, pro terra Godfelawe	iiij d. ob. q^a	iiij d. ob.
Willielmus Hamun le Wyte	xxj d. ob.	xxj d. ob.
Heredes Johannis le King	v d. ob.	v d. ob. q^a
Symon filius Thomæ atte Watere	j d. q^a	j d. q^a
Johannes et Thomas filii Willielmi le Neue	vij d. ob.	vij d ob.
Heredes Willielmi Geffrey	xvij d.	xvj d. ob.
Johannes le Scipwrichte et participes ejus, pro heredibus Willielmi Bordgate	xij d. ob.	xij d. ob.
Heredes Willielmi le Pipere	j d.	j d.
Willielmus filius Hamonis Lambert et participes ejus	vij d.	vij d.
Willielmus filius Adæ Lambert	xiiij d. Item j d.	xiiij d. Ite j d.
Item Willielmus Lambert, pro heredibus Willielmi le Crockere	iiij d. q^a	iiij d. q^a
Heredes Johannis Barrok	xij d. ob.	xij d. ob.
Nicholaus Barrok	xvj d.	xvj d.
Osbertus Pycot filius Gileberti et participes ejus	ix d. q^a	ix d. q^a
Walterus et Willielmus de Meynil, pro terra Walteri de Burgherse	vij s. j d. q^a	vij s. j d. q^a
Iidem pro Nicholao Harding	j d. ob.	j d. ob.
Iidem pro Ricardo Godefrey	iij d. q^a	iij d. q^a
Iidem pro Wyot de la Forde	j d.	j d.
Iidem pro Ricardo de Suhthope	vj d. ob.	vj d. ob.
Iidem pro Thoma Spite	viij d. ob.	viij d. ob.
Iidem pro Hamone et Johanne Bordwate	x d.	x d.
Iidem pro Johanne Edward'	j d.	j d.
Iidem, pro heredibus Thomæ le Crokere	iiij d. ob. q^a Item j d. q^a	iiij d. q^a Ite j d. q^a
Radulphus Haldan, pro cambio facto de Stephano Richard, de novo de via versus Brokam,	vj d.	.

Sancti Johannis Baptistæ	Sancti Michaelis	HERTHELD Sancti Thomæ Apostoli	ROMESCOT Sancti Petri ad Vincula
iiij d. ob. q^a	iij d. q^a	j d.	j d. cum uxore
xxj d. ob.	xv d. ob.	j d.	j d. cum uxore
v d. ob.	v d. q^a	j d.	j d. cum uxore
j d. q^a	j d. q^a	j d.	j d. cum uxore
vij d. ob.	v d.	j d.	j d. cum uxore
xvij d.	xv d. ob.	j d.	j d. cum uxore
xij d. ob.	ix d. ob.	j d.	j d. cum uxore
j d.	j d.	j d.	j d. cum uxore
vij d.	vij d.		
xiiij d. Item j d.	xiiij d. Item j d.		
iiij d. q^a	ij d. q^a	Item ij d. de Torefeld ad festum Sancti Michaelis	
xij d. ob.	xij d ob.		
xvj d.	xvj d.		
ix d. q^a	viij d. ob. q^a		
vij s. j d. q^a	vj s. ij d. ob.	vj d. ob.	vj d. ob.
j d. ob.	j d. ob.	j d.	j d.
iij d. q^a	iiij d. ob. q^a	j d.	j d.
j d.	j d.	ob.	j d.
vj d. ob.	vj d. ob.	j d.	j d.
viij d. ob.	vij d.		
x d.	vij d.		
j d.	j d.	ob.	
iij d. q^a Item j d. q^a	ij d. q^a Item j d. q^a		
vj d.			

REDDITUS

	Epiphaniæ	Hockeday.
Willielmus Cof et participes ejus, pro Holdeye	iij d.	iij d.
Idem		
Heredes Scotard, pro Alwyno Thedwene	iiij d. ob.	v d.
Thomas filius Willielmi Godring	vij d. ob.	vij d. ob.
Nicholaus Girard	ix d.	ix d.
Godring filius Reymeri, de redditu Johannæ relictæ Godring, de novo	ij d. Item j d.	ij d.
Adam le Bakere, pro Johanne Holdeye,	iiij d.	iiij d.
Lucas de Wike, pro heredibus Hamonis Aluithe,	viij d.	viij d.
Thomas filius Randolphi le Little, pro Bordwate,	vj d.	vj d.
Johannes Love	j d. qᵃ	j d. qᵃ
Hamo filius Oseberti Helewyse		

Memorandum de allocationibus faciendis de antescriptis ut inquiratur—Hamoni Waryn pro terra Symonis Fant ad iiijᵒʳ terminos iiij d., Ricardo Kynet ob. ad Hockday et Epiphaniam.

REDDITUS DE

	Ad festum Sancti Andreæ
Robertus Willem et participes ejus	
Heredes Elyæ Swart et Petronillæ uxoris ejus	xviij d.

DE WYKE.

Sancti Johannis Baptistæ	Sancti Michaelis	TURFELD' Sancti Michaelis
iij d. xv d. q^a	iij d.	Item ij d.
iiij d. ob. vij d. ob. ix d.	iij d. v d. ob. ix d.	Item ij d. Item ij d.
ij d. iiij d.	ij d. ij d.	Item ij d.
viij d.	vj d.	Item ij d.
vj d. j d. q^a x d.	iiij d. j d. q^n	

TERRA DODERI.

Ad festum Sancti Johannis Baptistæ	Ad festum Sancti Michaelis	
	viij d.	Inde allocandum fere septiman partem
xviij d.		

REDDITUS DE KYDELLIS.

	Ad festum	Epiphaniæ	Hokday	Sancti Johannis	Sancti Michaelis
Hamo Waryn et Willielmus Colebrond, pro Roberto Waryn, de j kedello,		vj d.	vj d.	vj d.	vj d.
*Hamo Bret, Abbas, et participes ejus, pro Johanne Barrok, de j kidello,		vj d.	vj d.	vj d.	vj d.
Johannes Lotriht et Stephanus Gerard, pro Johanne Log, de j kidello,		vj d.	vj d.	vj d.	vj d.
Walterus et Willielmus de Meynil et participes eorum, pro Willielmo Adam et Roberto Fulsalt, de j kydello,		vj d.	vj d.	vj d.	vj d.
Iidem et participes eorum, pro Waltero de Borouherse, de j kidello,		vj d.	vj d.	vj d.	vj d.
Ricardus Kynet et Hamo le Bret, de j kidello		vj d.	vj d.	vj d.	vj d.
Nicholaus Willem, de j kydello		iij d.		iij d.	
Willielmus Germeyn et Hamo Herem', pro Roberto Fulsalt, de uno kydello,		vj d.	vj d.	vj d.	vj d.
Item Hamo le Bret Willielmus Maister et Rogerus Adam, de j kydello		vj d.	vj d.	vj d.	vj d.

*Memorandum quod allocandum est Hamoni Bret prædicto pro medietate quam Dominus tenet   xij d.

Servitia et consuetudines de eodem loco.

Memorandum quod tenentes dicunt quod quilibet qui tenet unam acram de Gavelmed habebit allocationem redditus sui de termino Sancti Michaelis, videlicet de ij d. ; Et ad plus plus et ad minus minus; Et ideo solvunt minus ad illum terminum quam ad alium ut patet superius;

Item dicunt quod summa acrarum de Gavelmed' continet xxxvj acras.

Hii vero qui tenent debent facere averagium bis in anno si Abbas ibidem advenerit, scilicet invenire xij equos cum custodibus ad portandum panem de Wy de ij bussellis bladi et non potum;

Set de Romenal et a portu de Wyncheles' portabunt apud Dyngemaresco omnia victualia, scilicet panem et cervisiam et cetera;

Et cum domi (*sic*) venerint quilibet habebit j panem servientis tantum pro equo suo.

Cottarii vero portabunt quilibet eorum iiij^{or} galones cervisiæ vel vini a portu de Wyncheles' seu Romenal, nec habebunt companagium vel panem, set habebunt v bidentes supra petram versus mare Achrokepole usque Boctes Wall' et cetera animalia sua supra petram sine dampno domini;

Et si dominus non venerit, quilibet prædictorum dabit per annum j d. pro prædicto servitio ;

Et sciendum quod omnis qui tenet j acram de Gavelmed habebit supra petram versus mare et a Rouwepol' usque ad Bocteswall' xvj oves, Et qui minus habet minus habeat de ovibus inter dictas metas ;

Et sciendum quod a tempore Annunciationis usque post tempus falcationis sunt prata de Gavelmed in defenso, et per totum illud tempus possunt ibidem inparcare et secundum delictum emendas capere.

Consulendum est de prædictis averagiis tam de Custumariis quam de aliis, pro eo quod clamant pasturam super petram adeo bene quando non faciunt servicium suum sicuti et quando faciunt.

REDDITUS SOLVENDI SUBSCRIPTIS ANNUATIM.

Ricardo Kynet ad Epiphaniam et Hockday ob.

Hamoni Waryn, pro terra Symonis Fant, ad iiij^{or} terminos iiij d.

Johanni Sipewerthe, de heredibus Bordwate, ad iiij^{or} terminos viij d.

Heredibus Nicholai Godring' ad iiij^{or} terminos v d.

Heredibus Nicholai et Johannis Godring' ad Epiphaniam, pro
Johanna relicta Godring' de forgabulo ij d.

Summa redditus de Gavelmed' omnibus allocationibus vj li. iiij d.

Summa redditus de terra Doder' ad eundem terminum xviij d.

Summa redditus ad Epiphaniam lj s. vj d. ob. q^a et de
kydellis iiij s.

Summa redditus ad Hockeday lj s. j d. ob. et de
kydellis iij s. ix d.

Summa redditus ad festum Sancti Johannis liiij s. xj d.
ob. et de kydellis iiij s.

Summa redditus ad festum Sancti Michaelis xlv s.
vij d. ob. et de kydellis iij s. ix d.

　　　Summa totius redditus xvij li. vij d. q^a.

CUSTUMAL of the Manor of APELDREHAM (APPLE-DRUM), Co. Sussex. Temp. Edward I.

[Liber Regius de Bello, fol. 35-36.]

CONSUETUDINES DE APELDREHAM, TEMPORE MARTINI SERVIENTIS IBIDEM USITATÆ.

ISTI SUBSCRIPTI DICUNTUR YHERDLJNGES.

Rogerus Nyueman tenet	j virgatam
Thomas Piperwyt tenet	j virgatam
Johannes Kenteys tenet	j virgatam
Willielmus Sigar tenet	j virgatam
Robertus de Cruce tenet	j virgatam et dimidiam
Johannes de Sutherton' tenet	j virgatam et dimidiam
Willielmus Nylende senior tenet	j virgatam
Laurentius Præpositus tenet	dimidiam virgatam
Johannes de Idenne tenet	j virgatam et dimidiam
Robertus Goringe tenet	j virgatam et dimidiam

Isti prænominati debent arrare xxij acras ad frumentum et xxij ad avenam, et herciare, et interim nichil aliud operentur;

Isto opere completo, debent cotidie invenire ij equos ad herciandum quamdiu dominus habuerit seminandum;

Et habebunt semel in die cibum, scilicet panem, potagium, et unum ferculum ad ordinationem servientis qui pro tempore fuerit, et equi eorum habebunt præbendam quantum capi possit inter duas manus;

Debent etiam omnes averare quotiens necesse fuerit de la Delle usque ad Curiam domini, et de manerio usque Cycestr', et in redeundo si necesse sit; Set non debent transire portas civitatis nisi pro libito suo;

Debent etiam averare apud Wynton' singulis annis in adventu
Camerarii de Bello, et ducere sumptibus suis mersimonia Camerarii
apud Alsiston', Set summa utriusque non debet esse nisi ad pondus
dimidiæ summæ frumenti;

Præpositus ipsius loci erit quietus ab omni averagio;

Debent etiam simul warectare in æstate xj acras de warecto;

Quilibet virgarius debet extraere frum' [fimum?] ad dimidiam
acram fimandam, et spargere, et ad plus plus et ad minus minus;

Omnes etiam custumarii debent bis per annum, si somoniti sint,
facere benerthe qui propriam carrucam habent vel partem ;

Debent isti prænominati sarclare v acras et dimidiam frumenti,
v acras et dimidiam ordei, et tantum de avena, et metere et ligare
et coppare et cariare per totum autumpnum quotienscumque vocati
fuerint ;

Quilibet virgarius qui tenet j virgatam debet invenire ad quamlibet precariam autumpnalem ad metendum ij homines de iij pre-
cariis, et habebunt singuli singulos panes ponderis xviij li., cerc, et
duo duo, j ferculum carnis pretii unius denarii, si sit dies carnis, et
potagium ad primam precariam ;

Ad secundam vero erit panis medietas de frumento et medietas
ordey, et cetera alia ut supra ;

Ad tertiam precariam erit panis totum de frumento, et cetera ut
prænotatur ;

Ad quartam precariam, quod vocatur Hungerbedrip, quilibet de
tenentibus domini, præter Henricum de Chaus, inveniet j hominem ad
metendum et habebunt semel in die cibum, scilicet panem et potum,
et j ferculum secundum quod serviens illius loci providere placuerit,
et caseum ;

Et sciendum quod quilibet cottarius inveniet ad iij primas precarias quantum unus virgarius qui tenet j virgatam, et [debet] habere
cibum secundum quod illi habent.

Quilibet (*sic*) vero virgata debet triturare ventilare et portare ad
granarium iiij bussellos frumenti, et seminabit si fuerit necesse et
quando sunt sommoniti.

Rogerus Oliver, relicta Hamonis, Willielmus Bercarius, Johannes Nota.
Molendarius.

Debet herciare quilibet ipsorum; Inquiratur quantum.

COTTARII MAJORES.

Hugo ate Se,
Radulphus Procchant,
Rogerus Carectarius,
Ricardus Bercarius,
Relicta Wyte,
Philippus Damesone,
Michaelus le Wyte,
Ricardus ate Steghele,
Philippus Goring.

Quilibet istorum tenet iiij acras, et debent qualibet septimana singuli eorum a festo Sancti Mathæi usque festum Sancti Petri ad Vincula tria opera, quicquid eis injungitur, præter septimanas Natalis, Paschæ, et Pentechostes, quia tunc non debent operare nisi forte necesse fuerit triturare foragium ad animalia sustinenda, et tunc debent, ut dicunt, habere dignarium suum si triturant usque primam;

A festo vero prædicto Sancti Petri usque festum Sancti Mathæi qualibet die debent operari, præter Sabbatum, quicquid eis injungitur;

Quando triturant, debent triturare singuli eorum pro j opere de
. duro blado unum werkhop, quod continet ij bussellos et dimidium, scilicet de frumento, fabarum, et veciarum;

De ordeo vero, ij werkhops ejusdem mensuræ;

De avena etiam, iiij werkhops ejusdem mensuræ;

Debent etiam pro duobus operibus iij lyneas fimi spargere;

Et quando colligunt stipulas debent colligere l garbas pro quolibet opere, et habere unam garbam;

Et debent unum diem omnes post prandium torrare, scilicet torras frangere;

Debent etiam portare faldam domini super terram domini ubi præceptum eis fuerit, et levare, et singuli eorum portabit (*sic*) ij clatas cum palis;

Et quicumque eorum vaccam possideat debet pro vacca metere j acram avenæ et ligare ;

Et dicunt quod solebant habere unam vaccam pasturatam cum ovibus domini quod vocatur Esterlese ; Set Martinus, qui multo tempore stetit ibi serviens, dixit quod nunquam suo tempore habuerunt, sed quod fuit de gratia cujusdam Gydonis aliquando firmarius si unquam habuerunt.

COTTARII MINORES.

Johannes Albus,
Elyas Taupen'
Ricardus Godesone,
Avicia ate Steghele,
Sibilla Kockyld,
Radulphus Harding.

Isti debent triturare sicut alii cottarii, set quilibet istorum non debet nisi unum opus tantum per ebdomadam;

Debent colligere stipulas sicut alii, et faldam domini portare, set quilibet non portabit nisi unam clatam ;

Debent etiam torrare sicut alii cottarii ;

Debent fimum spargere pro opere suo si necesse sit.

Omnes custumarii debent falcare, spargere, colligere et carriare pratum de Suthmed, et debent habere vj bussellos frumenti et ij multones de consuetudine ;

Debent etiam omnes lavare et tondere oves domini, et habere lockes de ventre ovium, ut dicunt.

Bercarius, qui est unus de cottariis, custodiet oves domini et erit quietus ab operibus interim, præter opera in autumpno facienda, et habebit pro custodia ovium et separatione agnorum, j quarterium ordei;

Dicunt etiam quod dominus tenetur arrare cum carrucis suis Bercario et Porcario curiæ, ij acras ad semen Yemale, et ij acras ad semen Quadragesimale, et uterque eorum metet j acram de frumento, j acram de ordeo, dimidiam acram fabarum, dimidiam acram veciarum, et j acram avenæ, et ligabit.

Thomas Molendarius, Willielmus Nylende Junior, Ricardus Prat, Isabella de Sutheton'.

Isti tenent coterias et debent ad Hungerbedrip, quilibet eorum j hominem pro prædictis coteriis.

Rental and Custumal of the Manor of BRITHWOL-TON (Bright Walton), Co. Berks. 12 Edward I.

[Liber Regius de Bello, fol. 37-41.]

Redditus et servitia de Brithwolton', annuatim solvenda. Isti tenent libere.

	Thomæ Apostoli	Anuuncia-tionis	Sancti Johannis	Sancti Michaelis
Willielmus Fulco, de xiiij acris et dimidia per parcellas de assarto,	xvij d. ob.	xvij d. ob.	xvij d. ob.	xvij d. ob.
Ricardus de Westwode tenet xij acras, et ij acras bosci de terra de fraxino, de venditione Willielmi Fulco, et reddit ad quatuor terminos prædictos	iij d.	iij d.	iij d.	iij d.
Idem, pro quodam mesuagio de fraxino de venditione Radulphi de Fraxino	j d.	j d.	j d.	j d.
Ricardus Juvenis, villanus domini, tenet de eodem tenemento de fraxino unum mesuagium et vj acras terræ, de venditione prædicti Radulphi de Fraxino, reddens	vij d.	vij d.	vij d.	vij d.

Walterus a Godeshalf', villanus domiui, tenet unam acram de eodem tenemento de dimissione prædicti Ra-

	Thomæ Apostoli	Annuncia- tionis	Sancti Johannis	Sancti Michaelis
dulphi de Fraxino, per red- ditum unius gariofili eidem solvendi, quem idem resig- navit domino.				
Persona de Brithwolton' tenet unam virgatam terræ	iij d.	iij d.	iij d.	iij d.
Henricus Carpentarius tenet de assarto iij acras terræ, quas aliquando Ste- phanus Rector de Brithwol- ton' tenuit, reddendo domino annuatim	iij d.	iij d.	iij d.	iij d.

Et sciendum quod Willielmus Folke prædictus veniet in autumpno ad tres precarias, scilicet ad primam per unum hominem, ad secun- dam per ij homines, ad tertiam cum tota familia;

Debet etiam venire ad summonitionem Servientis cum carruca sua ad tres precarias;

Persona prædictus habebit totam familiam suam ad magnam pre- cariam in autumpno;

Item Ricardus de Westwode habebit familiam suam manentem in mesuagio prædicto ad prædictam precariam in autumpno;

Nec licebit alicui metere in eodem villa eodem die quo dominus habet magnam precariam nisi in campo domini.

VIRGARII.

Heres Huthredi tenet unam virgatam	xvj d.	xvj d.	xvj d.	xvj d.
Heredes Willielmi Wynd tene[n]t unam virgatam	Elyas habet ad terminum vitæ			
Rogerus Bisothewode tenet unam vir- gatam	xvj d.	xvj d.	xvj d.	xvj d.

Johannes ate Grene tenet unam virgatam	xvj d.	xvj d.	xvj d.	xvj d.
Ricardus Juvenis tenet unam virgatam	xvj d.	xvj d.	xvj d.	xvj d.
Ricardus de Cruce tenet unam virgatam	xvj d.	xvj d.	xvj d.	xvj d.
Robertus de Eversole tenet j virgatam	xvj d.	xvj d.	xvj d.	xvj d.
Henricus filius Adæ de Eversole tenet j virgatam, qui dicitur novus,	xvj d.	xvj d.	xvj d.	xvj d.
Adam de Eversole tenet unam virgatam	xix d.	xix d.	xix d.	xix d.
Galfridus Warner tenet unam virgatam	xvj d.	xvj d.	xvj d.	xvj d.

Quilibet istorum habet unam acram de greneholte per extentam, unde quilibet reddit per annum iiij d. supra in redditu suo;

Quilibet etiam istorum prædictorum qui habet animalia juncta carrucæ, sive bovem, sive jumentum, sive vaccam, arrabit dimidiam acram ad culturam yemalem et dimidiam acram de warecto in æstate, et vocatur ista arrura grasacra;

Quilibet prænominatorum debet arrare et herciare unam acram quæ vocatur Nedacra, licet non habeat animalia ad carrucam, vel dare iij gallinas et j gallum ad cherset prout dominus eligere voluerit;

Debet etiam quilibet eorum, pro quolibet animali ætate duorum annorum vel amplius, dare domino ad festum Sancti Johannis Baptistæ unum denarium quod vocatur Lesselver;

Quilibet etiam eorum venire debet ad tres precarias cum caruca sua ad summonitionem Servientis, et si habet integram carrucam tunc arrabit duas acras, scilicet unam acram ad culturam yemalem et aliam ad culturam Quadragesimalem, et unam acram de warecto in æstate, et qui minus habet quam carrucam integram pro portione quam habet herciat et arrat, quia quantum arrat herciare debet;

Unusquisque autem eorum inveniet unum hominem ad lavandum et tondendum oves et agnos domini quamdiu necesse sit;

Debet etiam unusquisque sarclare per iij dies per unum hominem a mane usque vesperam;

Omnes etiam debent totum pratum domini [falcare], et cum aliis custumariis illud levare; et pro falcatione habebunt unum multonem et dominus dextram scapulam illius, et habebunt sal ad saliendum;

Unusquisque vero illorum veniet per j hominem ad unam precariam in autumpno et ad secundam per ij homines et ad tertiam cum tota familia sua;

Quilibet autem eorum cariare debet bladum domini ad Curiam in autumpno per unum diem integrum;

Debent etiam colligere nuces ad medietatem, et debent pannagiare porcos, et dare pro porco unum denarium et pro porcello secundum quod fuerit ætatis;

Debent etiam portare faldam domini ad summonitionem Servientis, ter in anno, ubicumque præceptum eis fuerit;

Et sciendum quod pro istis consuetudinibus prædictis non debent relaxari de aliquo redditu;

Et memorandum quod si prædicti operari debent, tunc unusquisque operabitur a festo Sancti Johannis Baptistæ secundo die usque Gulam Augusti a mane usque meridiem quicquid ei injungitur;

Et a Gula Augusti usque festum Sancti Michaelis quolibet die a mane usque meridiem;

Et si metet, metere debet dimidiam acram et ligare pro opere, et habere unam garbam illius bladi quo metet per corrigiam, unius rectæ ulnæ et unius quarterii illius.

Et si plenarie operantur ut prædictum est tunc cuilibet debet relaxari xij d. sui redditus.

Isti subscripti dicuntur Cottarii, et tenent dimidiam virgatam, et solvunt redditum ad quatuor terminos vel operari debent ut post invenietur.

	Sancti Thomæ	Annuncia- tionis	Sancti Johannis	Sancti Michaelis
Alfredus ate Steghele	vij d.	vij d.	vij d.	vij d.
Galfridus Willeame	vij d.	vij d.	vij d.	vij d.
Radulphus Faber	vij d.	vij d.	vij d.	vij d.
Symon Danger	vij d.	vij d.	vij d.	vij d.
Agnes relicta Jordani Bercarii	vij d.	vij d.	vij d.	vij d.
Thomas Bagge	vij d.	vij d.	vij d.	vij d.
Relicta Smokyere	vij d.	vij d.	vij d.	vij d.
Warinus le Heyward'	vij d.	vij d.	vij d.	vij d.
Adam Burgeys	vij d.	vij d.	vij d.	vij d.
Johannes le Heyward'	vij d.	vij d.	vij d.	vij d.
Willielmus Burgeys	vij d.	vij d.	vij d.	vij d.
Johannes Parlefrens	vij d.	vij d.	vij d.	vij d.
Alicia Wadel	vij d.	vij d.	vij d.	vij d.
Huthredus Bi Northestrete	vij d.	vij d.	vij d.	vij d.
Willielmus Parlefrens	vij d.	vij d.	vij d.	vij d.
Johannes Bi southewode	vij d	vij d.	vij d.	vij d.
Item Johannes Bisouthe- wode dat per annum de incremento ij s. ne pone- retur ad opera.				
Item Johannes Berkarius pro eodem ij solidos.				
Johannes Berkarius	vij d.	vij d.	vij d.	vij d.

Quilibet de prænominatis dat per annum iiij d. redditus pro una acra quam habet in Greneholte per extentam in communi inter alios Set iste redditus non relaxabitur alicui prædictorum pro operibus suis, qui præscribitur (*sic*) inter redditus.

Omnes isti prædicti, si operantur, debent operari quicquid eis injungitur a festo Sancti Michaelis usque Gulam Augusti, semper secundo die præter Sabbatum, a mane usque meridiem, et si triturant, quilibet triturabit pro opere ij bussellos frumenti vel iiij bussellos avenæ;

Et a Gula Augusti usque festum Sancti Michaelis quolibet die debent operari, præter Sabbatum, a mane usque meridiem quicquid eis præcipitur, et si metent, quilibet metet pro opere dimidiam acram et ligabit, et habebit unam garbam per corrigiam, ut inter opera virgariorum prænotatur;

Et si plenarie operantur ut prædictum' est tunc quilibet debet relaxari de ij s. sui redditus;

Et si dominus habere voluerit aliquem de prænominatis Carrucarium suum vel ad aliud officium tunc relaxabitur de ij s. redditus.

Et memorandum quod quilibet istorum præter Johannem Bisothewode dat iij gallinas et unum gallum de Cherset, et Johannes prædictus dat quinque gallinas et j gallum, et debent pannagiare porcos, suos ut alii prænominati;

Et sciendum quod debent cum aliis lavare et tondere oves et agnos, et cetera facere sicut virgarii, excepto quod non arrant Benacre, nec cariant in autumpno, nec falcare debent neque herciare, et pro istis operibus communibus non debent relaxari sui redditus.'

Isti subscripti sunt similiter Willani et tenent de assarto per certum redditum, et vocatur Gavelland.

	Sancti Thomæ	Annuncia- tionis	Sancti Johannis	Sancti Michaelis
Heres Wynd		qᵃ		qᵃ
Johannes ate Grene	xj d.	xj d.	xj d.	xj d.
Heredes Huthredi	xj d.	xj d.	xj d.	xj d.
Ricardus de Cruce	vij d.	vij d. qᵃ	vij d. qᵃ	vij d.
Robertus de Eversole	xiiij d. ob. qᵃ	xiiij d. ob.	xiiij d. ob. qᵃ	xiiij d. ob.

	Sancti Thomæ	Annunciationis	Sancti Johannis	Sancti Michaelis
Henricus filius Adæ de Eversole, pro terra novi	iij d.	iij d.	iij d.	iij d.
Adam de Eversole	iiij d. qᵃ	iiij d.	iiij d. qᵃ	iiij d.
Galfridus Warner ate Stretend'	x d.	x d.	x d.	x d.
Johannes Bisouthewode	xj d.	xj d.	xj d.	xj d.
Willielmus Carectarius, pro Henrico Bisouthewode	viij d. ob.	viij d. ob.	viij d. ob.	viij d. ob.
Warinus Bisouthewode	xiij d.	xiij d.	xiij d.	xiij d.
Johannes le Wodeward'	xxj d.	xxj d.	xxj d.	xxj d.
Relicta Edwardi	x d.	x d. qᵃ	x d.	x d. qᵃ
Willielmus Page tenet unius cotsetli	ix d.	ix d.	ix d.	ix d.
Idem de assarto	x d.	x d.	x d.	x d.
Henricus Brun Carpentarius	iiij d.	iiij d.	iiij d.	iiij d.
Radulphus Cissor	xvij d.	xvij d.	xvij d.	xvij d.
Willielmus Textor	iiij d. ob.	iiij d. ob.	iiij d. ob.	iiij d. ob.
Agnes le Boltere, pro Huthredo	v d. qᵃ	v d. qᵃ	v d. qᵃ	v d. qᵃ
Johannes le Pleytere	iiij d.	iiij d.	iiij d.	iiij d.
Robertus Curteys	xvij d. ob.	xvij d. ob.	xvij d. ob.	xvij d. ob.
Johannes Berkarius	x d. ob.	x d. ob.	x d. ob.	x d. ob.
Johannes Custos matricium	vj d.	vj d.	vj d.	vj d.
Johannes le Messager	vj d.	vj d.	vj d.	xj d.
Walterus a Godeshalf'	x d.	x d.	x d.	x d.
Agnes relicta Jordani, de incremento j cotsetli	j d. ob.	j d. ob.	j d. ob.	j d. ob.

	Sancti Thomæ	Annuncia-tionis	Sancti Johannis	Sancti Michaelis
Adam Burgeys, de in-cremento j cotsetli	j d. ob.	j d. ob.	j d. ob.	j d. ob.
Willielmus Burgeys, de incremento j cotsetli	j d.	j d.	j d.	j d.
Willielmus Parlefrens, de incremento j cot-setli	j d. ob.	j d. ob.	j d. ob.	j d. ob.

Memorandum quod Willielmus Carectanus, [*sic*] Warinus Bisouthewod', Johannes Wodeward', relicta Edwardi, Henricus Brun Carpentarius, et Walterus a Godeshalf' prænominati, unus-quisque eorum dat iiij d. per annum pro una acra quam quilibet habet in Greneholte per estentam in communi, qui redditus præ notatur supra in redditu eorum.

COTTERIÆ.

Alicia Parlefrens	vj d.	vj d.	vj d.	vj d.
Isabella Wynd'	iiij d.	iiij d.	iiij d.	iiij d.
Robertus Kete	iij d. ob.	iij d. ob.	iij d. ob.	iij d. ob.
Agnes de Londres	v d.	v d.	v d.	v d.

REDDITUS CAPONUM PER ANNUM.

Terra le Wynd' debet per annum iij capones ;
Willielmus Carectarius annuatim ij capones;
Johannes le Wodeward' annuatim j caponem ;
Henricus Adam Novus per annum ij capones;

Memorandum quod nullus custumarius habebit aliquam relaxa-tionem redditus de terris quas tenet de assarto vel in commun de Greneholte pro aliquo officio vel opere domino faciendo ;

Sciendum etiam quod omnes tenentes, tam liberi quam alii, venire debent ad iij benerthes ad arrandum, et quicunque habeat animalia juncta carrucæ cum summonitus fuerit;

Item omnes virgarii, et qui tenent de assarto, debent in Quadragesima herciare ad summonitionem Servientis, et qui non habet equum perquirere debet ad herciandum domino, præter cottarii, et habebunt cibum semel per diem, scilicet panem, cervisiam, potagium, et unum ferculum de carne vel pisce prout tempus dederit, et secundum quod Serviens providere voluerit;

Item omnes tenentes, tam liberi quam servi, venire debent ad iij precarias in autumpno ad metendum, scilicet ad primam per j hominem, ad secundam per ij homines, et ad tertiam cum tota familia sua, et habebunt cibum bis per diem, scilicet ad nonam panem, cervisiam, et caseum, et in vesperis panem, cervisiam, potagium, et j ferculum de carne vel pisce secundum tempus.

Memorandum quod dominus potest pro voluntate sua quem voluerit de custumariis eligere in Præpositum, et qui tenet integram virgatam terræ relaxabitur ei de redditu suo quinque solidorum xl d.

Debet etiam relaxari de duabus partibus omnium consuetudinum quæ debentur domino per annum pro prædicta virgata terræ, tam in arrura quam aliis, præter Garsacram operandam;

Habebit etiam Præpositus de consuetudine j acram de frumento non fimatam per liberationem et discretionem Servientis:

Et ad Natale Domini, Pascha, Pentechosten cibum suum habebit et per autumpnum.

Si dominus habere voluerit Carrucarium de custumariis suis, vel de virgariis seu cottariis, habebunt tantum relaxationem de ij solidis sui redditus;

Et insuper quilibet de carrucariis habebit arruram suæ carrucæ quam tenet semper secundo Sabbato, et si impedimentum habuerit vel per pluviam vel diem festivum nullam restitutionem habebit Sabbato sequenti, set expectabit circulum, scilicet Sabbatum sequens, quia computabitur sibi illud impedimentum pro diurno arruræ;

Debent etiam omnes carrucarii habere primam acram quam seminant de bericorn, et eo die jantaculum quo incipiunt seminare, et cibum suum die Natali et Pascha.

Wodewardus vero debet esse unus electus de virgariis,

Iste debet custodire boscum et porcos domini et debet relaxari de xl d. sui redditus, et pro custodia porcorum habebit iiij bussellos de bericorn' et cibum ter, ut Præpositus, et ad festum Sancti Martini intestina unius porci præter adipem illius qui necessarius ad lardarium.

Messor vero, si sit electus de custumariis, habebit relaxationem ij s. de redditu suo et cibum ter, ut Præpositus, et in autumpno quid vigilabit noctu circa blada domini in autumpno, et pro hoc habebit cotidie dum metent j garbam per corrigiam ut supra patet de eodem blado quo metent.

Custos etiam multonum, si eligitur de custumariis, custodiet multones et habebit relaxationem de ij solidis sui redditus, et habebit proficuum de falda per xij dies in Natali et xl oves cum ovibus domini euntes et ipsemet faldam de propriis ovibus, et habebit unum vellus quod vocatur Belwertheresfles et cibum suum ad Natale et Pascha, et unam acram de terra fricta juxta pasturam suam ad seminandum si voluerit.

Ad oves matrices custodiendas non de consuetudine eligere de custumariis, licebit etiam domino eligere sibi Præpositum et alios ministros vel de virgariis vel de cottariis vel de hiis qui tenent de assarto pro voluntate sua, quia omnes sunt villani sui et servilis conditionis;

Nec possunt maritare filium vel filiam sine licentia domini extra libertatem, vel vendere bovem suum vel jumentum.

Memorandum quod virgarii debent de consuetudine triturare præbendam domini cum ad partes illas declinaverit quandocunque.

Item sciendum quod sarclantes bladum per tres dies, habebunt cibum in die bis, scilicet ad nonam panem de bericorn, potagium, et serum, scilicet mege Gallico, et in vesperis panem et serum.

REDDITUS DE TENEMENTO DE FRAXINO QUOD FUIT RICARDI DE
WALINGFORD' AD QUATUOR TERMINOS SOLVENDUS.

	Ad Natale	Pascha	Sancti Johannis	Sancti Michaelis
Henricus Brun	vj d.	vj d.	v jd.	vj d.
Radulphus Custos multonum	vj d.	vj d.	vj d.	vj d.
Hugo Molendenarius	vj d.	vj d.	vj d.	vj d.
Adrianus	vij d.	vij d.	vij d.	vij d.
Matilda North, Notht	iiij d. ob.	iiij d. ob.	iiij d. ob.	iiij d. ob.
Walterus a Godeshalf'	iiij d. ob.	iiij d. ob.	iiij d. ob.	iiij d. ob.
Elena Sepestre	iiij d.	iiij d.	iiij d.	iiij d.
Willielmus Fulco		x d.		x d.

Memorandum quod de isto redditu debent solvi ad Pascha x d. e·
ad festum Sancti Michaelis x d. per manum Servientis de Curia, E·
Ricardus Juvenis debet pro terra alba ad idem ob. qᵃ ad terminun
Sancti Michaelis, Et terra de Fraxino ob. qᵃ, et qui portat illun
redditum apud Poghelegh' habebit j par cyrotecarum ;

Isti tenentes prædicti debent venire ad precariam in autumpno.

Istud tenementum dimisit nobis Elyas filius Alwyni de Lymenes
feld', et pro hac dimissione concessum est ei tenementum de Wyk
ad terminum vitæ suæ, tenendum cum redditu illius loci et alii
præter le Laghedey prædictorum tenentium apud Brithwolton' mor·
solito faciendum, et virgatam terræ similiter ad terminum vitæ liber·
tenendam ab omni redditu et servitio quam tenuit Willielmu·
Wynd' in Brithwolton';

Habuit etiam pro eodem tenemento in denariis xxv marcas, e·
relicta dicti Ricardi de Walingeford' pro Haghecrofta pro quieta
clamantia sua habenda xx solidos.

Memorandum quod anno regis Edwardi duodecimo istæ terræ
præscriptæ traditæ fuerunt villanis de Brithwolton' quæ terræ

erant de tenemento de Fraxino, solvendum ad iiij^{or} terminos anni scilicet;

Radulphus Faber, pro iij acris et j quarentena in Wodemer per annum	xij d. ob.
Ricardus Juvenis, pro iij acris in Wodemer per annum	xij d. ob.
Walterus a Godeshalf', pro iij acris in Holte per annum	xvj d.

HERTLE ET COVENHOLTE.
REDDITUS DE HERTLE AD II TERMINOS SOLVENDUS, ET EST IN COMITATU BREKS'.

	Ad festum Sancti Thomæ	Sancti Johannis
Hugo pro Henrico Reymund'	iiij s. iiij d.	iiij s. iiij d.
Idem, de aumentatione redditus sui	vj d.	vj d.
Willielmus de la More	ij s. iij d.	ij s. iij d.
Ricardus de Folrithe	ij s. iij d.	ij s. iij d.
Johannes ate Barre	ij s. iij d.	ij s. iij d.
Johannes Pycher	ij s. iij d.	ij s. iij d.
Duæ filiæ Ricardi Miles	ij s. iij d.	ij s. iij d.

Et sciendum quod prædicti tenentes dicunt quod secundum antiquum [consuetudinem] heredes prædicti Reymund' debent tertiam partem duarum marcarum annui redditus;

Iidem tenentes debent sequi Lagheday de Brithwaltone bis per annum.

COVENHOLTE EST IN COMITATU HAMTONIÆ.
REDDITUS DE COVENHOLTE PER ANNUM, SOLVENDUS AD IIII^{or} TERMINOS, SICUT APUD BRITHWOLTON'.

Henricus de Covenholte ad iiij terminos	xj s. j d., tenet j virgatam et j cotsetle.
Johannes Morekoc ad iiij^{or} terminos	vj s. xj d., tenet unam virgatam.

Editha relicta Willielmi le Hayl ad iiij^{or} terminos

v s. ob tenet tres partes j virgatæ.

Johannes Gocelyn ad iiij^{or} terminos

v s. j d. ob., tenet ut Editha supra.

Johannes de Messecumbe ad iiij^{or} terminos

v s. j d., tenet dimidiam virgatam.

Walterus de Messecumbe ad iiij^{or} terminos

v s. j d., tenet dimidiam virgatam.

Thomas Cauffyn ad iiij^{or} terminos

ij s., quarterium j virgatæ, ad Natale j gallum ij gallinas.

Henricus Cauffyn ad iiij^{or} terminos

ij s., quarterium j virgatæ, et j gallum et ij gallinas.

Hugo Poleyn ad iiij^{or} terminos

iiij s. x d., dimidiam virgatam, et ij gallos et iiij gallinas.

Godwynus de Husseburne ad iiij^{or} terminos

iiij s. x d., dimidiam virgatam.

Johannes Pope ad iiij^{or} terminos

ij s. ij d., tenet j quarterium virgatæ.

Robertus Cyssor ad iiij^{or} terminos

ij s. ij d., tenet j quarterium.

Adam Scot ad iiij^{or} terminos

ij s. j d. ob. q^a, tenet j quarterium.

Cecilia de Messecumbe ad iiij^{or} terminos

ij s. j d. ob. q^a, tenet j quarterium.

Abbas de Beauluy ad iiij^{or} terminos

ij d., tenet dimidiam acram.

Alexander Cheaufyn ad iiij^{or} terminos

ij d.

Gilbertus de Botes ad iiij^{or} terminos

ij s., tenet dimidiam virgatam.
Summa lx s. x d. ob.

Isti prænominati non faciunt servitium quia aumentaverunt redditum suum, set debent pannagiare porcos suos scilicet pro porco ætatis unius anni j d., et pro porcello ob., et non possunt maritare filiam suam sine licentia nec equum nec bovem vendere sine licentia domini ;

Item Gilbertus aliud nisi redditum facit, set dicitur quod ij s. de redditu suo tenentes prænominati diviserunt inter illos solvendos, ut eos defenderet contra nocentes patriotas in comitatu suo.

Sciendum quod prænominati debent sectam ad Lagheday de Bromham bis per annum.

RENTAL and CUSTUMAL of the Manor of BROMEHAM, Co. Wilts. Temp. Edward I.

[Liber Regius de Bello, fol. 42-45.]

REDDITUS DE BROMHAM ET SERVITIA.

Liberi tenentes	Ad Natale	Sancti Johannis Baptistæ
Gilbertus la Roche	x s. iiij d.	x s. iiij d.
Idem, pro terra Hamlyn,	v s.	v s.
Willielmus filius Gilberti Blund	vij s. ij d.	vij s. ij d.
Nicholaus le Eyr	viij s. ij d.	viij s. ij d.
Julian' fil' Osmundi de Molendino	ij s. vj d.	ij s. vj d.
Alicia Blund', pro terra de Wester-broke,	iiij s.	iiij s.
Robertus Blund'	viij s. ij d.	viij s. ij d.

Ist prænominati sunt quieti per redditum suum prædictum de communibus servitiis;

Debent tamen herietum et relevium;

Et tenentes ipsorum debent arrare gersacram, si habent carrucam vel aliquam partem carrucæ, ad culturam yemalem.

	Ad Natale	Sancti Johannis Baptistæ
Humfridus ate Clive	xxj d.	xxj d.
Idem, de incremento pro carta habenda,	iij d.	iij d.
Willielmus Geffrey de West-broke	v s.	v s.
Heredes Johannis Osmund le Reade	v s.	v s.

	Ad Natale	Sancti Johannis Baptistæ
Gilbertus la Roche, pro terra le Marun,	iiij s. j d.	iiij s. j d.

[Et Memorandum quod dominus tenet majorem partem illius terræ, set Gilbertus solvet totum antiquum redditum et duos denarios ultra, propter quandum quietamclamantiam haben-. dam sub tenore salvo jure cujusque.]

	Ad Natale	Sancti Johannis Baptistæ
Heres Roberti le Eyr	iij s. vj d.	iij s. vj d.
Johannes de la Forde	iiij s. vj d.	iiij s. vj d.
Idem, de incremento pro carta habenda,	ij s. ij d.	ij s. ij d.

Quilibet istorum debet arrare j grasacram post festum Sancti Michaelis, præter Gilbertum la Roche, licet habeant carrucam integram vel partem, et etiam si ex toto non habeant animalia ad carrucam;

Debent etiam cariare fenum ad Curiam, dum est cariandum;

Debent præterea cariare bladum; scilicet Humfridus vj cariatas bladi, ij cariatas de monte et iiij^{or} sub monte; Gilbertus la Roche xv carectatas, scilicet quinque de monte et x sub monte; Willielmus Geffrey, heredes Johannis Osmund', heres Roberti le Eyr, et Johannes de la Forde, quilibet istorum xviij carectatas, scilicet vj carectatas de monte et xij sub monte;

Item quilibet istorum prænominatorum debet herietum et relevium;

Et si tenentes illorum habeant animalia ad carrucam, debent arrare garsacram pro portione qua jungunt carrucis.

Isti subscripti vocantur Majores Erdlinges, scilicet
Virgarii.

	Ad Natale	Sancti Johannis
Willielmus de la Forde	iij s. vj d.	iij s. vj d.
Johannes filius Rogeri de Fraxino	iij s. vj d.	iij s. vj d.
Robertus ate Slade	ij s. vj d.	ij s. vj d.
Willielmus Tancred	ij s. vj d.	ij s. vj d.
Johannes Osmund de Fraxino	ij s. vj d.	ij s. vj d.

Memorandum de horsgabulo. Et memorandum quod quilibet de quinque prædictis debet per annum ad terminos prædictos iiij d. de horsgabulo præter hunc redditum;

Item quilibet prænominatorum quinque seminabit j acram, de frumento proprio, quod vocatur grasacra, et arrabit et herciabit, et qui non habet propriam carrucam Serviens domini providebit sibi socium, de minoribus ejusdem conditionis eidem jungen lu n, et Serviens domini prænominatam acram seminabit, et pro isto servitio sunt quieti de cherset;

Item quilibet istorum arrabit duas workacras ad culturam yemalem, præter Johannem Osmund qui arrabit tantum j werck-acram;

Item quilibet prædictorum debet iiij^{or} deywynes per unum hominem post festum Sancti Michaelis a mane usque nonam, et debent operari quicquid eis injungitur;

Debent etiam lavare et tondere oves domini cum aliis custumariis, quilibet per unum hominem;

Debent extraere fimos, scilicet qui habet carectam cum j curtana, et qui non, inveniet j hominem per diurnum quousque extrahentur;

Item quilibet istorum prædictorum falcabit per iij^{es} dies per unum hominem a mane usque nonam in prato quod vocatur Formed et Thachmed, et simul levabunt dictum pratum et cariabunt fenum ad Curiam cum aliis customariis de prædictis pratis;

Item quilibet prænominatorum metet et ligabit j Nedacram in utumpno;

Item quilibet habebit ad iij^{es} precarias in autumpno quæ vocantur Nedbedrypes, per tres dies quolibet die, duos homines ; set Willielmus de la Forde inveniet iij^{es} homines ; et sciendum quod debent metere a meridie usque vesperam ;

Item quilibet istorum debet cariare xij carectatas bladi, scilicet iiij de monte et viij sub monte ; set Willielmus de la Forde cariabit xviij carectatas bladi, vj de monte et xij sub monte;

Debent etiam pannagiare porcos suos, scilicet pro porco plenæ ætatis ij d., et pro porcello dimidii anni j d.;

Et memorandum quod pro istis operibus prædictis non debent relaxari de redditu suo.

Sequitur pro quibus operibus habebunt relaxationem quartæ partis sui redditus, scilicet;

Willielmus de la Forde si operatur debet operari a festo Sancti Johannis Baptistæ usque festum Sancti Michaelis, qualibet die a mane usque nonam, quicquid ei præcipitur, et qualibet ebdomada infra prædictum tempus arrabit ad proprium custum j acram, et illo die relaxari debet ab alio opere, et si plenarie operatur relaxabitur sibi quarta pars sui redditus;

Johannes de Fraxino, Robertus de la Slade, et Willielmus Tauncred debent operari per prædictum tempus quicquid eis injungitur; In autumpno vero si metent, metere debent tantum secunda feria, quarta, et sexta, scilicet quilibet j acram et ligare et coppare; Feria vero tertia, et quinta, metere debent et ligare dimidiam acram ;

Johannes Osmurd de Fraxino operabitur ut alii prænominati, set non arrabit nisi Nedacra et Grasacra ut supra notatur ;

Idem Osmundus metere debet in autumpno, quolibet die præter Sabbatum, dimidiam acram bladi et ligare.

Isti dicuntur minores Erdlinges.

	Ad Natale Domini	Sancti Johannis Baptistæ
Johannes sub Cliva	ij s. vj d.	ij s. vj d.
Idem, pro acra molendini,	iij d.	iij d.
Idem, de horsgabulo,	ij d.	ij d.
Johannes de Stocwelle	ij s. vj d.	ij s. vj d.
Idem, de horsgabulo,	ij d.	ij d.
Rogerus Thurgred	ij s. vj d.	ij s. vj d.
Henricus Brun	ij s. vj d.	ij s. vj d.
Idem, de horsgabulo,	ij d.	ij d.
Ricardus Hereberd	ij s.	ij s.
Willielmus de la More	ij s.	ij s.
Idem, de horsgabulo,	ij d.	ij d.
Osmundus Beerd	ij s.	ij s
Galfridus Faber	ij s.	ij s.
Idem, de horsgabulo,	ij d.	ij d.

Memorandum quod quilibet de prædictis debet iiij^{or} deywynes post festum Sancti Michaelis, per j hominem, quicquid eis præcipitur;

Quilibet etiam arrabit j werkacram, si habeat carrucam integram vel non, et qui habet propriam carrucam arrabit j grasacram per se, et qui non habet integram carrucam asociabit alii socco ad arrandum, set isti prænominati non seminabunt de proprio frumento;

Quilibet eorum inveniet j hominem ad lavandum et tondendum oves domini;

Debent etiam falcare per iij^{es} dies cum aliis virgariis prænominatis in prato prædicto, quilibet per j hominem per diurnum, a mane usque meridiem, et eundem levare, et fenum cariare ad Curiam cum aliis custumariis;

In autumpno vero, debent metere et ligare quilibet eorum j Nedacram; Et unusquisque eorum invenire debet j hominem per iij dies ad Nedbedripes in autumpno, et debent operari a meridie usque vesperam;

Et quilibet eorum cariabit in autumpno ix carectatas bladi ad Curiam, scilicet tres de monte et vj sub monte ;

Et quilibet eorum dabit Cherset, scilicet tres gallinas et j gallum;

Debent etiam pannagiare porcos suos, sicut supra majores virgarii de quibus prænotatur ;

Et sciendum quod pro prænominatis operibus non debent relaxari de aliquo redditu, Set pro quibus operibus debent habere relaxationem si operantur subscribitur inter opera Half Erdlinges;

Set sciendum quod de horsgabulo non dimittitur pro aliquo opere, nisi quando fiunt averagia.

Isti subscripti vocantur Halferdlinges, et majores Cotarii.

	Natale	Sancti Johannis
Galfridus Kyng	xviij d.	xviij d.
Johannes Balk	xviij d.	xviij d.
Johannes Bonde	xviij d.	xviij d.
Ricardus Molendinarius	xv d.	xv d.
Et de incremento redditus	iij d.	iij d.
Thomas Hanech	xviij d.	xviij d.
Johannes de Campo	xviij d.	xviij d.
Johannes Cole	xviij d.	xviij d.
Et de incremento	iij d.	iij d.
Matilda de Ivertone	xviij d.	xviij d.
Willielmus Godwyne	xviij d.	xviij d.
Et de horsgabulo	iij d.	iij d.
Robertus Berd	xviij d.	xviij d.
Et de horsgabulo	ij d.	ij d.
Ricardus Milicent Carpentarius	xviij d.	xviij d.

Isti prænominati sunt unius conditionis et operis, scilicet quilibet eorum faciet vj deywynes per j hominem, post festum Sancti Michaelis, quicquid eis injungitur; et tantum faciunt quia non arrant werkacram ut alii supra, et operantur a mane usque nonam; Et siquis prænominatorum habeat bovem vel jumentum ad carrucam juvandum, juvabit arrare, pro portione quam habet, Grasacram, et quilibet herciare debet j acram;

Debent etiam lavare et tondere cum aliis custumariis oves domini; Et quilibet per iij^{es} dies per j hominem falcare et colligere fenum, et cariare illud ut superius de majoribus Erdlinges annotatur;

Et quilibet metere et ligare j Nedacram, et invenire j hominem per iij dies ad Nedbedripes, cum sommonitus fuerit in autumpno, metendum a meridie usque vesperas ;

Et quilibet prædictorum cariabit in autumpno vj carectas bladi, scilicet ij carectatas de monte et iiij^{or} sub monte, ad Curiam;

Debent etiam pannagiare porcos suos, et dare Cherset, ut majores virgarii, ut patet superius ;

Et memorandum quod pro prænominatis operibus non relaxibitur quis de redd 	itu suo, Horsgabulum nec non dimittitur aliquatenus pro aliquo opere, nisi quando averantur ;

Sequitur pro quibus operibus isti prænominati debent relaxari de redditu suo in parte, scilicet ;

Si Johannes sub Clyva et alii præscripti quinque solidorum, vel Ricardus Hereberd et socii sui quatuor solidorum, vel Galfridus le Kyng et socii sui trium solidorum, habere debeant relaxationem redditus tunc debent operari præter opera prædicta, scilicet, a festo Sancti Johannis Baptistæ usque festum Sancti Michaelis quilibet per j hominem a mane usque meridiem, præter Sabbatum, quicquid eis injungitur; Et si metere debent in autumpno pro opere suo, tunc metere debent quilibet scilicet dimidiam acram, et ligare pro opere suo ;

Set quilibet de Cottariis, scilicet Halferdlinges, videlicet Galfridus Kyng et socii sui trium solidorum, habebit garbam in autumpno de blado quo metet, scilicet feria tertia et quinta, per funem sive corrigiam longitutudinis quinque quarteriorum rectæ ulnæ, et si plene operantur tunc debent relaxari unusquisque quartæ partis sui redditus;

Set illi trium solidorum si plene operantur, scilicet a festo Sancti Michaelis usque festum Sancti Johannis Baptistæ qualibet septimana per iij^{es} dies, relaxabitur eis tres partes sui redditus; Et si operantur a festo Sancti Johannis usque festum Sancti Michaelis totam septimanam, præter Sabbatum et dies festivos, tunc debent relaxari de quarta parte sui redditus, ita si plene operantur per annum ut superius dictum est non persolvunt redditum illo anno.

Minores Cottarii.

Emma de Iverton', ad duos terminos anni,	viij d.	viij d.
Cristina de Therleate, ad prædictos terminos,	xij d.	xij d.
Eædem, de incremento,	iij d.	iij d.
Henricus Alwyne, ad prædictos terminos,	vij d.	vij d.
Idem, de incremento,	v d.	v d.
Petrus Messor, ad prædictos terminos,	ix d.	ix d.
Cristina de Canigge, ad prædictos terminos,	vj d.	vj d.
Johannes Harald, ad prædictos terminos,	xij d.	xij d.
Walterus Sacrista, ad prædictos terminos,	x d.	x d.
Idem, de incremento,	vj d.	vj d.
Johannes Pye, ad prædictos terminos,	viij d.	viij d.
Idem, de incremento,	iij d.	iij d.
Nicholaus Stormi, ad prædictos terminos,	viij d.	viij d.
Robertus de Lupyeyte, ad prædictos,	xviij d.	xviij d.
Adam Fussedame, ad . . terminos,	xv d.	xv d.
Idem, pro tenemento Henrici presbiteri,	vj d.	vj d.
Nicholaus de Midelhale, ad ij terminos,	xvj d.	xvj d.

Isti prænominati sunt de uno servitio et consuetudine, præter Nicholaum Stormi, scilicet quilibet eorum faciet iij deywynes post festum Sancti Michaelis per j hominem, et quilibet eorum inveniet j hominem ad lavandum et tondendum oves et agnos domini, et quilibet juvabit per j hominem ad spargendum et levandum pratum de Fordmed et Thachmed, et unusquisque venire debet ad faciendum mulonem feni quousque fiat, et quilibet eorum metet in autumpno dimidiam acram bladi et habere garbam per corrigiam ut prænotatur, et unusquisque debet sequi tres Nedbedrypes in autumpno, et debent operari a meridie usque vesperas et habere garbam suam de blado quo metent ut supra notatur;

Debent etiam unusquisque eorum habere j hominem ad orreum faciendum, per iij dies et habere qualibet die de eodem blado unam garbam quo tassant; Et si habent animalia ad carrucas debent pro portione quam habent jungere carrucas ad arrandum Grasacram;

Debent etiam dare Chyrset, scilicet quilibet iij gallinas et j gallum, et pannagiare porcos suos ut alii supra;

Nicholaus autem Stormi debet habere j hominem ad levandum pratum prædictum et mulonem faciendum ut supra, et habere per iij dies hominem ad orreum, et habere garbam ut alii supra, et pannagiare porcos suos, set non dabit Cherset;

Et sciendum quod nullus de prædictis relaxari debet de aliquo redditu pro prædictis operibus.

Cristina Bishop, ad duos terminos prædictos	iij d.	iij d.
Eadem, pro Sarcrofta	iiij d.	iiij d.

Ista debet sequi per j hominem iij Nedbedripes, et habere iij garbas et j die levare fenum et tassare per iij dies, et habere quolibet die garbam suam per corrigiam prænominatam, et facere mulonem feni cum aliis, et dare Cherset, et pannagiare porcos suos, nec debet pro istis operibus habere relaxationem redditus sui.

ISTI VOCANTUR COTERIÆ.

Walterus le Sopere, ad duos terminos prædictis	vj d.	vj d. Et pro Cherset j d. qᵃ
Adam Pyntel, ad ij terminos	iij d.	iij d. Item j d. qᵃ
Adam Pope, ad ij terminos	iiij d.	iiij d. Item j d. qᵃ

Quilibet istorum interesse debet ad fenum levandum per j diem, et mulonem feni faciendum, et dare unusquisque j d. qᵃ pro Cherset, et pannagiare porcos suos ut alii supra.

ISTI NON OPERANTUR SET DANT REDDITUM.

Alicia de Cimiterio, ad ij terminos prædictos	viij d.	viij d.
Ricardus Molendinarius, ad ij terminos	vj d.	vj d.
Idem, ad quatuor terminos censuales, pro firma molendini		ij marcas

Memorandum quod Customarii qui falcare debent pratum prænominatum habere debent de consuetudine iiij bussellos frumenti ad panem, et j multonem, et j caseum, et sal ad saliendum.

Sciendum est etiam quod Carrucarii, quot sint de Customarii, *Memorandum.* Messor, Forestarius, Faber, et Præpositus, habere debent cibum semel per j diem, post festum Sancti Michaelis, quando incipiunt seminare;

Præpositus, si sit electus de Customariis, habebit pro labore suo relaxationem redditus sui usque ad summam iiij solidorum et præterea habebit j jumentum et pullum in pastura domini in æstate, et mensam suam a Gula Augusti usque festum Sancti Michaelis;

Et Messor, si sit de Custumariis, debet relaxari de xij d. de redditu suo, et habebit suum jumentum et pullum sicut Præpositus, et præterea, quia vigilabit in autumpno circa bladum domini custodiendum, habebit lx garbas de frumento de mediocri frumento;

Bercator, si sit de Customariis, similiter habebit lx garbas pro custodia bladi et vigilia, et relaxabitur ei iij s. de redditu suo ;

Carucarii, Forestarius, qui habet in custodia porcos domini, et Faber, si sint de Custumariis, quilibet habebit relaxationem de iij s. redditus sui;

emorandum.   Omnes etiam servientes domini habebunt baconum die carnis, scilicet quilibet j ferculum;

emorandum.   Memorandum quod omnes qui debent horsgabulum per annum debent averrare in adventu Abbatis cum somoniti fuerint, apud Britholton' vel Sarum vel alibi, ad voluntatem domini usque ad xx leugas, et erunt quieti illo anno de horsgabulo;

emorandum.   Memorandum quod Falcatores habent iiij d. de consuetudine pro quodam prato jacens in prato de Formed quod vocatur Therevewyse, pro falcatione et spersione.

REDDITUS VOMERUM.

Henricus Brun, secundo anno	j vomerem
Ricardus Hereberd, quolibet anno	j vomerem

Item memorandum quod Johanni Cole, nativus domini, debet per annum iiij s. ad voluntatem domini pro vij acris terræ de terra le Mathun tenendam ;

Item Cristina de Caneghe tenet de eadem terra tantum, et debet iiij s. per annum ad voluntatem ut supra, ut patet in Rentali apud Bromham.

RENTAL of the Manor of ANESTY, Co. Hants. Temp. Edward I.

[Liber Regius de Bello, fol. 55.]

ANESTYA.

Sciendum quod anno Regis Edwardi duodecimo Willielmus de Anesty, dictus de Bello, dimisit nobis tenementum illud pro liberatione quadam habenda quoad vixerit, Et tunc fuerunt tenentes, scilicet:

	Ad terminum Natalis	Sancti Johannis
Ricardus Tannator	xviij d. ob. qᵃ	xviij d. ob. qᵃ
Idem, pro alia terra	ij d.	ij d.
Johannes de Aulton', Clericus	viij s. viij d.	viij s. viij d.
Henricus Astyl, pro Radulpho Champeneys	ij d.	ij d.
Hugo Astyl, pro Asketyl	iiij d.	iiij d.
Willielmus Rotarius, pro Martino de Molendino	xviij d. ob. qᵃ	xviij d. ob. qᵘ
Idem, pro Beggelone	ix d.	ix d.
Idem, pro Petronilla Nigra	xviij d. ob. qᵃ	xviij d. ob. qᵃ
Johannes Waryn	ix d.	ix d.
Robertus de Cruce	xviij d. ob. qᵃ	xviij d. ob. qᵃ
Stephanus Kyng	xviij d. ob qᵃ	xviij d. ob. qᵃ
Walterus Niweman, pro W. Bukere	ix d.	ix d.
Radulphus Berkarius	xij d.	xij d.
Idem, pro alia terra	vj d.	vj d.
Willielmus Emme	iij s. j d. qᵃ	iij s. j d. qᵃ
Walterus Waryn, filius Albreth'	xviij d. ob. qᵃ	xviij d ob. qᵃ
Galfridus de Belstede	xviij d. ob. qᵃ	xviij d. ob. q

CAMD. SOC.   M

	Ad terminum	Natalis	Sancti Johannis
Robertus Kyng		iij s. j d. ob.	iij s. j d. ob.
Idem pro ali[a]		j d. ob.	j d. ob.
Henricus Edulf		iij s. j d.	iij s. j d.
Idem pro aliis		x d.	x d.
Galfridus Rotarius		iij s. j d. ob.	iij s. j d. ob.
Robertus Aluene		iij s. j d. ob.	iij s. j d. ob.
Adam Oter, qui assignatur Canonicis Durford'		xv d.	xv d. De dono Radulphi de Anesty
Johannes Ode		xiij d.	xiij d.

REDDITUS EMPTUS.

	Ad Pascha
Rogerus Parmentarius	ij d.
Galfridus Rotarius	ij d.
Nicholaus Molendinarius	ij d.

	Ad festum Sancti Michaelis
Galfridus de Belstede	j d.
Alicia Chochemand	j d.
Eadem ad festum Sancti Michaelis	dimidia libra piperis.

Item memorandum quod Ricardus Ysmangere dat annuatim ad ij terminos prædictos xij ferros equinos, pro pastura unius equi et j vaccæ habenda in communi ad voluntatem domini.

RENTAL and CUSTUMAL of the Manor of CRAU-MAREYS (CROWMARSH), Co. Oxon. Temp. Edward I.

[Liber Regius de Bello, fol. 56-57.]

REDDITUS ET SERVITIA DE CRAUMAREYS, IN COMITATU OXONIÆ.

TERMINI QUATUOR PRINCIPALES.

Thomas Niweman tenet dimidiam virgatam terræ, reddendo per annum ij s. vj d. et iij d. de cherset.

Johannes de Lane tenet dimidiam virgatam, et debet per annum ij s. vj d. et iij d. de chirset.

Nicholaus de Compton' tenet dimidiam virgatam, et debet per annum ij s. vj d. et iij d. de chirset.

Nicholaus Cronti tenet dimidiam virgatam, et debet per annum ij s. vj d. et iij d. de chirset.

Johannes Akreman tenet dimidiam virgatam, et debet per annum ij s. vj d. et iij d. de chyrset.

Robertus Aluerd tenet dimidiam virgatam, et debet per annum ij s. vj d. et iij d. de chyrset.

Johannes de Brithwolton' tenet dimidiam virgatam, et debet per annum ij s. vj d. et iij d. de chyrset.

Idem, pro crofta et mesuagio apud Stokbrugge, per annum iij s. iiij d., et j hominem ad iij^{es} precarias in autumpno.

Idem, pro una acra de terra Thomæ North, per annum iiij d.

Johannes de la Broke tenet dimidiam virgatam, et debet per annum ij s. vj d. et iij d. de cherset.

Idem, pro alio mesuagio quod tenet,   iiij d. et iij d. de cherset.
Johannes de Forteghe tenet dimidiam virgatam, et debet per
annum   ij s. vj d. et iij d. de cherset.
Ricardus Cole tenet dimidiam virgatam, et debet per annum
                                     ij s. vj d. et iij d. de chyrset.
Robertus Hurt tenet dimidiam virgatam, et debet per annum
                                     ij s. vj d. et iij d. de cherset.
Cristina filia Johannis tenet dimidiam virgatam, et debet per
annum   ij s. vj d. et iij d. de cherset.
Johannes la Weman tenet dimidiam virgatam, et debet per annum
                                     ij s. vj d. et iij d. de chyrset.
Cristina de Stokbrugge tenet dimidiam virgatam, et debet per
annum   ij s. vj d. et iij d. de chyrset.
Eadem, pro quodam mesuagio et prato, per annum
                                     ij s. vj d. et iij d. de chyrset;
Et ad tres precarias in antumpno, pro eodem mesuagio et
prato, quolibet die ij homines et ad iiij precariam j hominem.
Thomas de Stokbrugge tenet vj acras terræ et unum mesuagium
et unum croftum, pro quarta parte unius virgatæ, et debet per
annum   ij s. iiij d. et iij d. de chyrset.
Thomas Heredeiman tenet dimidiam virgatam, et debet per
annum   ij s. vj d. et iij d. de cherset.

Quilibet de prænominatis, præter Thomam de Stokbrugge, debet
ad iij precarias in antumpno quolibet die de dimidia virgata ij
homines, et ad iiij^{am} unum hominem, super terram dominici metendum, ad cibum domini;
Debet etiam quilibet de prædictis quolibet die metere in autumpno
dum est metendum dimidiam acram, et ligare, præter Salbatum, et
habere de eodem blado quo metet j garbam cum ligamine de meliori
blado tracto; et quilibet bladum domini sarclare debet post prandium,
dum est sarclandum, et si sarclent croftum sub curia, habebunt
panem et caseum semel;

Debent etiam falcare pratum domini, et habere primo die ad jantaculum panem et caseum ; Et debent simul pratum prædictum spargere, levare, et tassare, et habebunt consuetudinarii x d. ob. ; Et quilibet unum panem de frumento pretium unius oboli.

Et quilibet de prædictis, præter prædictum Thomam de Stokbrugge, triturabit, post festum Sancti Michaelis, sex bussellos frumenti, et quilibet habebit unum pondus straminis, quantum ipse levare potest sine auxilio, et asportare sine auxilio;

Debent etiam colligere stipulam per dimidiam diem, et quilibet habere unum thelyn.

ISTI SUBSCRIPTI DE DIVERSIS SERVITIIS FACIENDIS.

Petrus le Wyte tenet dimidiam virgatam et j mesuagium continens j acram, et debet per annum ad quatuor terminos anni   vj s.

Idem debet ad duas precarias in autumpno, quolibet die ij homines, et ad tertiam precariam iij homines, et ad quartam precariam ij homines usque nonam, vel per unum hominem usque vesperam; Et arrabit j acram post festum Sancti Martini ad Graserxe, et [debet] habere cibum cum consuetudinariis villæ Ad nonam scilicet, panem, cervisiam, et caseum; Et in vesperis, panem, cervisiam, potagium, unum ferculum de carne vel pisce, scilicet allecibus, et caseum ; Et in autumpno ut alii habent ad precarias;

Istam tenet ad terminum vitæ et post reverti debet in vilinagium domini.

Walterus Overee tenet unam rodam terræ, et debet per annum   ij s.

Iste inveniet j hominem ad principalem precariam in autumpno.

Alicia le Wite tenet duas acras et dimidiam, et j mesuagium, et debet per annum ij s. et iij d. de cherset.

Ista debet omnia servitia sicut Thomas le Newyman, præter triturationem.

Johannes Cole tenet v acras terræ et unum croftum, cum mesuagio, et reddet   ij s. vj d. et iij d. de cherset.

Radulphus tenet ix acras terræ, reddens per annum

       ij s. vj d. et iij d. de cherset.

Willielmus ate Streme tenet ix acras, reddens per annum

       ij s. vj d. et iij d. de cherset.

Idem tenet ij acras terræ et dimidiam, et j mesuagium, reddens per annum   xviij d. et iij d. de cherset.

Johannes in Thelane ij mesuagia et ij acras terræ, reddens per annum   ij s. ij d. et vj d. de cherset.

Isti prænominati, scilicet,

Alicia, et qui secuntur, debent omnia servitia sicut Thomas le Neweman, excepto quod non debent triturare.

Matilda, relicta Johannis tenet ij acras et dimidiam, reddens per annum   xiij d. et iij d. de cherset.

Ista debet metere in autumpno per vj dies, et ligare; Et ad iij^{es} precarias inveniet quolibet die j hominem, et ad iiij^{tam} precariam unum hominem usque nonam. Et fenum vertere debet et levare, cum communi villatæ.

Radulphus de Northene tenet, per Agnetem uxorem su m, ij acras et dimidiam et unum curtilagium, Et debent xiiij d. et iij d. de cherset, et omnia servitia ut prædicta Matilda;

Idem tenet unam acram de terra le Deen, de dimissione H. Abbatis, Et debet per annum   iiij d.

Mabilia, relicta Johannis, tenet ad terminum vitæ viij acras terræ de tenemento quod fuit Thomæ North, quod est in manu nostra de dimissione Agnetis filiæ suæ, cum toto   quas quidam viij acras Dominus Abbas ei concessit ad terminum vitæ, reddens per annum   xx d.

Johannes le Wyte tenet de terra Thomæ North ij acras et j mesuagium, de venditione prædicti Thomæ, et reddit per annum xij d.

Memorandum quod omnes tenentes debent pannagiare porcos suos, pro porcos plenariæ ætatis j d. et pro minore ætatis secundum portionem ;

Debent denarios dare Sancti Petri ;

Item non debent maritare filias suas extra libertatem sine licentia, Nec etiam bovem suum vel equum sine licentia vendere;

Debent etiam omnes custumarii habere in autumpno cibum suum ad precarias, bis per diem ; scilicet, ad nonam, panem de frumento, cervisiam, et caseum, et ad vesperas, panem, cervisiam, potagium, carnem vel alleces secundum quod dies fuerit, et caseum, et dicunt quod debent habere potationem post nonam ;

Debent etiam habere unam acram de frumento, post primam precariam, quam eligere voluerint, Ita tamen quod non sit fimata nec faldata, nec forsettere nec foretata super dominicum mensurata, sicut jacet in campo;

Debent etiam communere super stipulam, quam cito blada domini colliguntur, et in una pastura quæ vocatur Heycrofte;

Et post festum Sancti Martini arrabunt domino j acram, que vocatur Grasherxe, qui habent carrucas ;

Qui vero non habent carrucas, tunc primo communent in omnibus locis infra et extra;

Et debent colligere stipulam super dominicum post festum Sancti Martini ad opus eorum, et propter hoc dabunt cherset;

Dicunt etiam quod quælibet virgata potest habere sexdecim bidentes ad faldam suam, per tempus;

Dicunt etiam quod omnes custumarii debent sommoneri per ij dies, antequam debent sarclare falcare et metere, ut sint parati cum instrumentis opera domini perficere, Et qui non habet falcem debet falcatoribus j d.;

Dicunt etiam quod, si dominus habuerit necesse cariare bladum suum, debent cariare omnes qui carectas habent, Et habebunt cibum, et illo die aliud non operabuntur.

Memorandum quod nullus custumarius tenetur dare denarium Sancti Petri, nisi habeat in mobilibus ad valentia xxx d. vel amplius ;

Item memorandum quod falcatores, qui falcant de consuetudine, habebunt ad quantitatem iij bussellos frumenti ut dicunt.

Rental and Custumal of the Manor of HOTON (Hutton), Com. Essex. 12 Edward I.

[Liber Regius de Bello, fol. 58-60.]

Hotona.

Redditus et servitia de Hotona,

	Ad Natale	Pascha	Sancti Johannis	Sancti Michaelis
Magister Sancti Bartholomæi London', pro terra de Donton',	xij d.	xij d.	xij d.	xij d.
Robertus de Ildenebrigge	xiij d. q^a	xiij d. q^n	xiij d. q^a	xiij d. q^a
Heredes Johannis de Berners de Hersham		xx s.		xx s.
Martinus filius Gerardi de Branford', pro mesuagio,				iiij d.
Idem, pro Roberto Canteys,	ix d. ob.	ix d. ob.	ix d. ob.	ix d. ob.
Idem, pro terra Lynnot,	iij d.	iij d.	iij d.	iij d.
Idem, pro j acra Alani fullonis,	ob.	ob.	ob.	ob.
Johannes Sutor	iiij d. ob.	iiij d. ob.	iiij d. ob.	iiij d. ob.
Ricardus Bercator	j d.	j d.	j d.	j d.
Ricardus Rok	iij d. Item ob. q^n	iij d. Item ob q^a	iij d. Item ob. q^a	iij d. Item ob. q^a

N

	Ad Natale	Pascha	Sancti Johannis	Sancti Michaelis
Robertus Beneyt	ij s. j d.	ij s. j d.	ij s. j d.	ij s. j d.
Willielmus Casteleyn	j d.	j d.	j d.	j d.
Willielmus Waleys	viij d.	viij d.	viij d.	viij d.
Idem	iij d.	iij d.	iij d.	iij d.
Idem, pro Chimino,	ob. q^a	ob. q^a	ob. q^a	ob. q^a
Thomas Goldhay	vj d.	vj d.	vj d.	vj d.
Terra Ricardi Nigri in dominicum, Warinus Dylle,	j d.	j d.	j d.	j d.
Johannes Gery	vj d. ob. q^a	vj d. ob. q^a	vj d. ob. q^a	vj d. ob. q^a
Johannes Seynvere	j d. ob.	j d. ob.	j d. ob.	j d. ob.
Willielmus Casteleyn	ij d.	ij d.	ij d.	ij d.
Galfridus Waleys	vj d.	vj d.	vj d.	vj d.
Radulphus Hubert	xij d. q^a	xij d. q^a	xij d. q^a	xij d. q^a
Johannes Adam, Gunnild', Stephanus Adam,	iij d. ob.	iij d. ob.	iij d. ob.	iij d. ob.
Adam Stobhere	ij d. ob.	ij d. ob.	ij d. ob.	ij d. ob.
Johannes filius Adæ Warde	iij d. q^a	iij d. q^a	iij d. q^a	iij d. q^a
Walterus Russel, pro Tropinel,	j d. ob.	j d. ob.	j d. ob.	j d. ob.
David ate Hulle	vj d.	vj d.	vj d.	vj d.
Idem, pro Galfrido David,	vij d. Item ob.	vij d. Item ob.	vij d. Item ob.	vij d. Item ob.
Heredes Stephani Cupere	x d.	x d.	x d.	x d.
Johannes Lorechun, pro Stabler	ob.	ob.	ob.	ob.
Idem, pro novo redditu	ij d.	ij d.	ij d.	ij d.
Alditha Stubere, pro j acra de terra Charles	iij d.	iij d.	iij d.	iij d.

	Ad Natale	Pascha	Sancti Johannis	Sancti Michaelis
Cristina Bende pro j acra Johannis de Quercu	vj d. ob.	vj d. ob.	vj d. ob.	vj d. ob.
Willielmus Bosco, de novo redditu	j d. ob.	j d. ob.	j d. ob.	j d. ob.
Relicta Johannis de Quercu sive Ferthyng	ob. q^a	ob. q^a	ob. q^a	ob. q^a
Matildis Dode, de novo redditu	ij d.	ij d.	ij d.	ij d.
Radulphus Siche, pro Holdelyn	q^a	q^a	q^a	q^a
Robertus Adam	iij d.	iij d.	iij d.	iij d.
Robertus Vigerus, pro Kete	ij d.	ij d.	ij d.	ij d.
Johannes Motekyn	iij d. q^a	iij d. q^a	iij d. q^a	iij d. q^a
Thomas ate Pende	ob.	ob.	ob.	ob.
Andreas Joye, pro W. Sygor	ob.	ob.	ob.	ob.
Galfridus Waleys Junior, pro Agnete ate Pende	ob.	ob.	ob.	ob.
Idem, pro Willielmo Sygor	j d.	j d.	j d.	j d.
Galfridus Calewe, pro Thoma Fabro	ij d.	ij d.	ij d.	ij d.
Nicholaus Palmer	xj d.	xj d.	xj d.	xj d.
Johannes Morel	iij d. ob.	iij d. ob.	iij d. ob.	iij d. ob.
Bate Gerveys	iij d. q^a	iij d. q^a	iij d. q^a	iij d. q^a
Johannes Senex	xv d. Item ob.	xv d. Item ob.	xv d. Item ob.	xv d. Item ob.
Johannes Acreman, de novo redditu	ij d.	ij d.	ij d.	ij d.

	Ad Natale	Pascha	Sancti Johannis	Sancti Michaelis
Heres Willielmi le Wyte	ij s. vj d.	ij s. vj d.	ij s. vj d.	ij s. vj d.
Johannes de Bosco	iij d.	iij d.	iij d.	iij d.
Ricardus de Nywynton', pro via		ob.		ob.

Summa totalis vj li. iiij s. vij d.

Memorandum quod Magister Sancti Bartholomæi London' terram de Donton' per cartam nostram tenet, et debet sectam ad Curiam de Hotona, et cuilibet Magistro cedente vel decedente dabit pro herietto et relevio novus adveniens x s., et jurabit feuditatem domino;

Terra Doun est in manu domini, quæ solebat reddere per annum iiij s. et facere alias consuetudines.

Martinus filius Gerardi de Branford' tenet xv acras et dimidiam, quæ fuerunt Roberti Canteys, unde debet per annum j averagium, scilicet usque London' vel Tyllebury vel Chelmeresford', et habebit j panem et j provenderium avenæ, et debet in autumpno metere j acram et ligare;

Debet etiam ad magnam precariam in autumpno invenire tres homines, et ad aliam precariam ij homines, et ad iij precariam j hominem, et ligare quod metent;

Debet etiam ad cibum domini j hominem per j diem sarclare;

Debet etiam herciare per j diem usque nonam, et habere j peciam panis;

Debet etiam ad preces carrucarum bis in anno, in yeme et in Quadragesima, cum tot averiis quot jungit; idem pro terra Lynnot ad magnam precem j hominem,

Johannes le Elde tenet xxv acras cum pertinentiis, et debet inde ad sextam precem in autumpno j hominem, et ad ij alias precarias ij homines, et ligare quod metit, et præterea metet j acram et [debet] ligare, et debet averare, sarclare, arrare, et herciare, sicut prædictus Martinus.

Willielmus Castelyn tenet ij acras cum pertinentiis et debet ad magnam precem j hominem, et ligare quod metet.

Heres Dodi tenet v acras cum pertinentiis et debet inde qualibet septimana j operationem, et in autumpno.

Memorandum quod Martinus de Branford' solvit ij d. R. de Gynges pro nobis, pro fossato inter nos et prædictum R., et ideo habuit prædictus Martinus quoddam assartum de feodo nostro et tenendum per annuum redditum prædictum, [et debet] præter prædictus operationes iiij^{or} operationes, et ad primam precem in autumpno debet ij homines, ad ij^{am} precem ij homines, et ad iij^{am} precem j hominem, et ligare quod metit;

Debet etiam metere j acram et ligare, et levare fenum per j diem et bladum tassare, et habebit cibum ter per diem, et habebit quando tassabit j garbam de ultimo plaustro ad vesperam ;

Debet etiam sarclare, arrare, et herciare sicut alii custumarii.

Johannes Adam tenet iiij acras et dimidiam cum pertinentiis et debet inde in autumpno ad magnam precariam unum hominem, et ligare quod metit ; et præterea metet j rodam et ligabit.

Willielmus Waleys tenet x acras [*quinque acræ in manu domini*] cum pertinentiis et debet inde ad iij^{es} precarias in autumpno iij homines, et ligabit quod metit ; et præterea metet ij acras et ligabit, et [debet] alia facere sicut Henricus.

Thomas ate Pende tenet v acras et dimidiam cum pertinentiis, et debet inde operationes et alias consuetudines sicut Henricus Dody.

Andreas Joye, pro Willielmo Sygar, tenet dimidiam acram cum pertinentiis, et debet inde j hominem ad magnam precem in autumpno, et ligare quod metit.

Galfridus Waleys Junior tenet terram quæ fuit Agnetis ate Pende, et debet inde metere dimidiam acram et ligare.

David ate Hulle, pro G. David, tenet vij acras cum pertinentiis, et debet inde j hominem ad magnam precem in autumpno, et preces carucarum.

Radulphus Hubert tenet xij acras cum pertinentiis et debet inde

ad magnam precem j hominem, et ligare quod metit, et metet ij
acras et ligabit, et debet preces carrucarum ut alii.

Thomas Goldham tenet vj acras cum pertinentiis et debet inde
j hominem ad magnam precem, sed non ligabit quod metit.

Galfridus Waleys senior tenet v acras cum pertinentiis et debet
ad iij^{es} preces in autumpno, ad quamlibet precem j hominem; et
ligabit quod metit, et metet præterea et ligabit dimidiam acram;
et per ij homines duos dies tassare fenum et bladum, et habere
garbam ut prænotatur, et sarclare, arrare, et herciare, sicut alii; et
habere cibum ter in die.

Johannes Adam, Gunnild, tenet ix acras cum pertinentiis et debet
ad quamlibet precem j hominem, et ligabit quod metit, et metet
insuper j acram et ligabit, et aliam dimidiam acram metet et ligabit
pro quodam assarto, et debet operationes sicut heres Dody et alias
consuetudines sicut alii.

Johannes de Bosco tenet viij acras cum pertinentiis, et debet in
omnibus sicut Dody.

Johannes de Ecclesia [*in manu domini*] tenet v acras cum pertinentiis, et non solvit redditum set debet per annum qualibet septimana j operationem, et in autumpno iiij^{or} operationes de surplusagio,
et ad quamlibet precem j hominem, et ligabit quod metit, et metet
præterea j acram et ligabit, et sarclabit per j diem cum j homine,
et habebit cibum bis in die; et herciabit in Quadragesima dimidiam
acram, et habebit j peciam panis; et falcabit duas partes unius acræ
pro opere unius diei, et habebit j quadrantem; et colliget nuces ad
medietatem per j diem, et si jungit, veniet ad preces carucarum
sicut alii, et levabit fenum.

Item de hotona.

Johannes Morel tenet x acras [et] dimidiam cum pertinentiis et
debet operari, et in omnibus aliis, sicut prædictus Johannes de
Ecclesia.

Thomas ate Pende [*in manu domini*] tenet v acras cum pertinentiis et debet operari in omnibus sicut prædictus Johannes.

Johannes Motekyn tenet x acras et j rodam cum pertinentiis et debet operari in omnibus sicut prædictus Johannes.

Ricardus le Rok', pro Johanne de Quercu, tenet vj acras cum pertinentiis, et debet operari in omnibus sicut prædictus Johannes.

Robertus Adam, pro Mauricio Kyng, tenet x acras cum pertinentiis, et debet operari in omnibus sicut prædictus Johannes.

Johannes Geri tenet xv acras et dimidiam cum pertinentiis, et debet operari in omnibus sicut prædictus Johannes.

Heres Ricardi Nigri tenet v acras cum pertinentiis, et debet operari in omnibus sicut prædictus Johannes.

Johannes Sutor tenet xj acras cum pertinentiis, et debet operari in omnibus sicut prædictus Johannes.

Johannes Heyward', Willielmus Kynch pro Waldyngefeld', Thomas Salomon le Feltwreth', Willielmus de Bosco pro Edgar, et Everardus pro Adam Rufo, debent in omnibus sicut prædictus Johannes de Ecclesia.

Ricardus Haueker tenet ij acras et dimidiam cum pertinentiis, et debet qualibet septimana j operationem.

Benedictus Wulfrith tenet v acras cum pertinentiis, et debet ad quamlibet precem in autumpno j hominem, et ligabit quod metit, et præterea metet et ligabit j acram, et arrabit et herciabit et sarclabit sicut alii.

Ricardus Rok' tenet v acras cum pertinentiis, et debet in omnibus sicut prædictus Benedictus Wulfrith.

Nicholaus Palmere tenet xj acras [vj acræ in manu domini] cum pertinentiis et debet j hominem ad precem in autumpno, et ligabit quod metit, et præterea metet et ligabit j acram et dimidiam, et veniet ad preces carucarum.

Adam Stubbere tenet ij acras et dimidiam cum pertinentiis, et debet inde j hominem ad j precem in autumpno, et ligabit quod metit, et præterea metet dimidiam acram et ligabit.

Walterus Russel pro Tropinel tenet j acram et dimidiam cum pertinentiis, et debet j hominem ad j precem in autumpno, et ligabit, et metet præterea j rodam et ligabit.

Radulphus Willielmus Casteleyn tenet j acram cum pertinentiis, et debet j hominem ad j precem in autumpno.

Robertus Beneyt tenet xl acras cum pertinentiis, et debet careare xxv cumulos [cumulos?] fimi ad campum, et v carectatas feni, et v carectatas frumenti, et habebit j garbam frumenti et cibum suum ad omnia cariagia; et debet preces autumpnales sicut Johannes le Elde, et metet j acram et ligabit, et sarclabit cum j homine per j diem, et ad preces carucarum et hersuram sicut alii, et debet averare sicut Martinus pro terra Canteys.

Hered' (*sic*) Johannis Cupere tenet v acras, et metet dimidiam acram et ligabit, et debet j hominem ad j precem, et ligabit.

Idem pro terra Roberti Cupere sicut pro Johanne prædicto.

Johannes Lorichun tenet dimidiam acram, et debet j hominem ad magnam precem in autumpno.

Cristina Bonde pro Johanne Dotin tenet acram, et debet sicut prædictus Johannes Lorichun.

Rerilicta (*sic*) Johannis de Quercu, pro Johanne Ferthyng, tenet j acram, et debet sicut prædictus Johannes Lorichun.

MEMORANDUM QUOD APUD HOTONE,

Decem opera frumenti faciunt iij quarteria, vij bussellos, peccum.

Item xx opera faciunt vij quarteria, vj bussellos, dimidium.

Item c opera faciunt xxxix quarteria, dimidium bussellum.

Item opus fabarum facit iiij bussellos et dimidium; et tantum vesciarum et pisorum.

Item opus avenæ facit j quarterium, peccum; et tantum de drageto et ordeo.

REDDITUS GALLINARUM ET OVORUM.

	Ad festum Sancti Michaelis in yeme	Ad Pascha
Thomas atte Pende	j gallinam	v ova
Stephanus Adam, pro Ada Gunnild'	j gallinam	v ova

	Ad festum Sancti Michaelis in yeme	Ad Pascha
Johannes de Ecclesia	j gallinam	v ova
Johannes Heyward'	j gallinam	v ova
Willielmus Kynch, pro Waldyngefeud'	j gallinam	v ova
Willielmus de Bosco, pro Edgaro,	j gallinam	v ova
Thomas Salomon le Feltwreth'	j gallinam	v ova
Everardus, pro Ada Rufo,	j gallinam	v ova
Johannes Morel	j gallinam	v ova
Galfridus Waleys Junior, pro Willielmo Sygor,		
Andreas Joye		
Johannes Motekyn	j gallinam	v ova
Ricardus Rock, pro Johanne de Quercu,	j gallinam	v ova
Robertus Adam, pro Mauricio Kyng,	j gallinam	v ova
Johannes Gery	j gallinam	v ova
Ricardus Niger, vel Warinus Dylle,	j gallinam	v ova
J . . . . filius Sutoris	j gallinam	v ova
Jo[hannes de] Bosco	j gallinam	v ova

REDDITUS VOMERUM.

[*Mortificatur quia fuit in manu domini.*]	j vomerem
Thomas ate Pende, ad festum Sancti Johannis Baptistæ,	j vomerem
Galfridus Waleys, ad Natale Domini,	j vomerem
Johannes Morel	j vomerem
Terra Ricardi Nigri, Warini Dylle, ad festum Sancti Michaelis,	j vomerem
Robertus Beneyt, ad festum Sancti Michaelis,	j vomerem
Terra Ricardi de Greneweye, Ricardus Bercator ad festum Sancti Michaelis,	j vomerem

Johannes Senex, ad festum Sancti Michaelis,   j vomerem
Terra Sigari ate Pende, ad festum Sancti Michaelis,   j vomerem

MEMORANDUM.

Nota quod virgata terræ et wysta idem sunt et unum significant.
Virgata seu wysta est sextadecima pars unius feodi militis.   Quatuor
virgatæ seu wystæ faciunt unam hydam.   Quatuor hydæ faciunt
unum feodum militis.

RENTAL (imperfect) and CUSTUMALS of the Manor of WYE, Co. Kent. Temp. Edward I.

[Liber Regius de Bello, fol. 61-66,
and
Augmentation Office Books, vol. 18, fol. 1-9.]

Walterus de Melecompe et soc[ii]	v d. q^a
Heredes Willielmi Cuocce	xxiij d.
Heredes Willielmi Cuocce	ij d. ob. q^c
Heredes Henrici Normand'	vj d.
Heredes Symonis Payn	xij d. ob. q^a. Item j (
Ricardus Reymund'	ij d.
Idem, pro prato apud Stocbregg'	j d.
Heredes Roberti Dod	xj d.
Robertus filius Symonis de Walla	j d. q^c
Gregorius et Gilebertus	v d.
Heredes Edwardi	j d. q^c
Terra Frode j d., Terra Weyte	iij d. ob.
Heredes Roberti Keybore	ix d. ob. q^c
Allocandum eis	j d. ob.
Heredes Willielmi Marescalli	j d.
Willielmus Fraunceys	j d. ob.
Adam Fraunceys	j d. ob.
Thomas Fordred	j d. ob.
Heredes Guydonis de Edingbrok'	iij d.
Willielmus et Symon Smalestecch'	iij d.
Willielmus Kinet et participes	ij d.
Robertus de Strode	ob.

Hugo Cutting'	ij d. ob.
Heredes Hamonis textoris de Walla	ij d.
	Summa xlj s. viij d. ob.

Inde heredibus Hugonis de Chilton'	j d. ob.
Heredibus Ricardi Humfr'	q^a
Augustino de Chilton'	ob.
	Summa ij d. q^a.

REDDITUS DE KYNGESSNOD', AD FESTUM SANCTI JOHANNIS BAPTISTÆ.

Jacobus de lawode	vj d.
Heredes Symonis de Bilham	j d. ob.
Willielmus de Winyndenn'	xx d. ob. Item v d.
Idem, pro terra Brid	xij d.
Robertus de Kingessnod'	xij s. x d. Item de novo iij d. ob.
Idem, pro Johanne Scot	q^a
Willielmus, et Daniel frater Mathæi de Cruce	xv d.
Henricus faber	j d. ob. Item vj d.
Allocandum eidem	ij d.
David filius Wulnod	j d.
Heredes Willielmi et Roberti de la Tune	viij d.
Heredes Walteri de Stonstrete	iij d. ob. q^a
Heredes Radulphi filius Paulmer	vij d. ob.
Mabilia filia Willielmi de Gorherst	vj d. q^a
Agnes filia Wlulmeri de la Tune	ob. q^a
Willielmus Merye	iij d. ob.
Idem, pro Johanne Scot	j d.
Relicta filii Roberti Merye	j d. ob.
Heredes Roberti de la Tune	j d. ob. q^a
Radulphus de Esscherst	xiiij d. q^a
Allocandum eidem	iij d.
Robertus de Esseherst, pro Beket	j d. ob. Item ob.

Meynardus Dod	vj d.
Rogerus filius Agnetis	v d.
Andreas de Marchesham	j d.
Adam filius David, scilicet Adam Lete	xij d. ob. q^a
Willielmus faber	j d. ob.
Alicia filia Roberti Carpentarii	ij d. ob. q^a
Henricus Corveser	ob. q^a
Heredes Radulphi Linke de Blakebrok'	vj d. ob.
Allocandum eisdem, pro Beket	iij d. ob. q^a
Radulphus de Esseherst et Daniel filius Edithæ	vj d. ob.
Allocandum pro Beket	ij d.
Thomas Wypel filius Walteri Carpentarii	ob.
Meynard Gog	j d.
Idem Meynard	iij d. q^a
Idem Meynard, pro Thoma Albo	iiij d. q^a
Allocandum, pro Beket	ob. q^a
Willielmus Albus et Reginaldus frater ejus, pro Thoma Albo	iiij d. q^a
Willielmus Albus et Reginaldus frater ejus	vj d.
Filiæ presbiteri	xij d.
Heredes Thomæ filii Matilldis	ij s.
Mathæus de Pinkyndenn'	ob.
Paganus de Pinkyndenn'	j d. q^a
Robertus de Pleisto	iij d.
Heredes Radulphi le Hettere	vij d.
Jordanus de Westbroc et Normannus frater Baldewini	ij d. q^a
Rogerus filius Ranulphi de la Frist	iiij d.
Walterus de Chelmynton', pro Bric' Orgareswic	vj d. ob.
Heredes Jordani Devenoc	ij d. q^a. Item ij d. ob
Felix de Kyngessnode	iiij s. ij d.
Robertus filius Rogeri Peyn	xl d.
Robertus de Blakebrok' et heredes Danielis	xxj d.

Robertus de Blakebrok', pro Daniele Elurich'	vij d. ob.
Item heredes Danielis prædicti	xxij d. ob. q^a
Rogerus de Bosco	ij s. x d. q^a
Walterus de Bosco	xiiij d. ob. q^a
Alanus filius Paulmer	ij s. ij d. ob. q^a
Henricus et Osbernus de Stonstrete	iij s. iij d.
Robertus et Walterus de Stonstrete	xij d.
Heredes Reginaldi filii Matilldis	ij s.
Jordanus de Bovescote cum soc[iis]	ij s. v d.
Heredes Rogeri, frater Siward', et Willielmus Spiciarius	xiij d. q^a
Heredes Ferebraz	xviij d.
Allocandum eisdem	xij d. ob. q^a
Johannes et Walterus de Chelminton'	j d.
Thomas de Capella et Mathæus atte Nutebem	ij d.
Meynard' et Willielmus Gog et Wimarc mater eorum	xij d. q^a
Willielmus Baldewin' et Normannus frater ejus	vij d. ob.
Heredes Roberti Torche et soc[ii]	xij d. ob.
Willielmus filius Walteri Mercatoris	iiij d. ob.
Daniel, Willielmus, Jordanus, et Robertus, filii Willielmi Elurich'	viij d.
Iidem	iij d. q^a
Allocandum Willielmo	ob.
Willielmus Clok' pro Ealdeton'	iij d. ob.
Jordanus de Westbrok', pro Adam Elurich'	jd. ob.
Willielmus et Meynard Gog	ij d. ob.
Willielmus mercator	iij d. ob. q^a
Albinus et Johannes Gog	ij d. ob.
Radulphus filius Adæ, pro Isabella Cog	iiij d.
Alanus filius Ricardi Bevere	ij d. ob.
Thomas de Marchesham	ij d.
Heredes Wudegar'	j d.

Heredes Thomæ de Marchesham	ij d.
Jordanus de Westebrok'	j d.
Idem Jordanus et Radulphus filius Adæ	viij d. ob. q^a
Thomas de Yardherst et Ricardus de Cnock'	xij d.
Heredes Roberti de Marchesham	iij d. ob.
Radulphus Koc filius Willielmi de Marche-sham	j d.
Mathæus de Blakebrok'	j d. ob.

Summa lxix s. viij d. q^a.

Inde Roberto de Kyngessnode	viij d.
Heredibus Walteri de Stonstrete, pro Beket	ob. q^a
Heredibus Meynard Gog	j d. ob. q^a
Roberto de Eshherst, pro Crofta de Brodefeld' [*per rotulum apud Wy*]	vj d.

Summa, cum additione, xvj d. ob.

WESTKYNGESSNODE.

Willielmus de la Snode et frater ejus	xiiij d. ob.
Heredes de la Hoke	iiij d. Item xij d.
Heredes Adæ Hog	ij d. ob.
Terra Hecchesdenn'	iiij d.
Willielmus Tannator	ij d. q^a
Radulphus de Forda	j d. ob.
Heredes Rogeri de Forda	j d. ob. q^a
Walterus Juvenis	v d. ob. Item j d. ob. q^a
Heredes Roberti de Westkingessnod'	viij d.
Idem, pro terra Holdegh'	j d. ob. q^a
Heredes Willielmi Coleman	ij d. ob.
Osbertus de Plukele et heredes Fretheman	xiij d.
Osbernus Dul	iij d. ob.
Heredes Malebraunch	vj d. q^a
Heredes Willielmi de Holemere et soc[ii]	ix d. ob.
Heredes Willielmi de Heghelond'	vj d.

Heredes Petri	vij d.
Allocandum eisdem	ob.
Wulford' de Kyngessnod'	iij d.
Willielmus Frend	iij d.
Allocandum eidem	j d.
	Summa ix s. iiij d. q^a

RUMDENN'.

Heredes Johannis filii Jocii	j d. ob.
Heredes Willielmi filii Jocii	v d. q^a
Willielmus Rufus	v d.
	Summa xj d. ob. q^a

Dominus de Essetesford'	ij s. ij d. ob.
	Summa patet.

CLEPEREGG'.

Johannes Pising'	x d.
Heredes Radulphi de Campis	v d.

WECCHINDENN'.

Johannes filius Thomæ	ix d.

ICHEREGG'.

Heredes Gileberti de Grava	iij d. ob. q^a
Heredes Gilles	j d. q^a albus
Uxor Gervasii	j d. ob.
Heredes Thomæ Humfr'	iiij d. ob.

ALDRING'.

Heredes Martini de Ealdring'	vj d.
Heredes Malgeri	iij d.

EGLINGDENN'.

Gilebertus de Eglindenn' et prædicti heredes
Malgeri   xiij d. ob.
Heredes Eylwyni et Helyæ   xiij d. ob.

Summa v s. xj d.

Summa totalis de termino Sancti
Johannis Baptistæ   xvj li. xiij s. vj d. ob. q^a.
Item de novo redditu, unde in fine,   xxij s. ij d. q^a.

AD ASSUMPTIONIS BEATÆ MARIÆ.

Bekewell'   xxv s.
Summa patet.

AD NATIVITATEM BEATÆ MARIÆ.

Plerindenn'   x s. vij d. q^u
Summa patet.

REDDITUS DE WY AD FESTUM SANCTI MICHAELIS.

Walterus de Cukelescumbe   iij d. ob. q^a
Heredes Radulphi Molendinarii et soc[ii]   v d. ob. q^a
Willielmus Marescallus, Ricardus Besant et
soc[ii]   v d. ob. q^a
Hugo Mog, Walterus de Chelcheburn' et
soc[ii]   xj d. q^a
Item Walterus de Chelcheburn'   j d.
Adam et Wybertus de Amyng'   iij d. ob. q^a
Thomas Babbe et soc[ii]   iij d. ob. q^a
Heredes Ricardi et Julian' de Amyng'   iij d. ob. q^a
Beauderegg'   xv d.
Juga Walewey   vij d. ob.

Heredes Cliteres	iij d. ob. q^a
Johannes Michel	iij d. ob.
Heredes Forewerd'	iij d. ob. q^a
Heredes Foghel	iij d. ob q^a
Stephanus de la Tone	iij d. ob. q^a. Item xxj d.
Heredes Johannis de la Tone	x d.
Symon de Thorntegh' et soc[ii]	iij d. ob. q^a
Heredes Willielmi Brunman et Johannes Cabet	iij d. ob. q^a
Item heredes Willielmi Bruneman	iiij d.
Gilebertus de Wythereston'	vij d. ob.
Heredes Willielmi de Chilton'	vij d. ob.
Heredes Geroldi	vij d. ob.
Heredes Burghorn' et Delman	v d. ob. q^a
Heredes Walteri de Wy, et pro Puttokes	xiij s. ij d. q^a
Heredes Orgari et Roberti pistoris	iij d. ob. q^a
Willielmus et Hugo Pyn	ob.
Heredes Stephani de Chilton'	iij d. ob. q^a
Willielmus Leaute	iij d. ob. q^a. Item dimidiam marcam.
Heredes Baldewyni et Gilberti de Chilton'	iij d. ob. q^a
Jugum de Henwude	vij d. ob.
Denilonde	iij d. ob. q^a
Cuocces et Someres	iij d. ob. q^a
Heredes de Brunesford'	vj s. vij d. ob.
Jugum Northman	vijd. ob. Item iiij d.
Jugum Wlstani	vij d. ob.
Heredes Bissop'	ij d.
Hugo Crul et Hugo magister	iij d. ob. q^a
Heredes Radulphi de Broco	iij d. ob. q^a
Heredes Martini Trippe et soc[ii]	iij d. ob. q^a
Dudeston'	xv d.
Willielmus de Forda et soc[ii]	iij d. ob. q^a

Jordanus de Forda et soc [ii]	iij d. ob. q^a
Willielmus de Pirye	v d. ob. q^a
Rogerus et Juliana de Rengesdon'	ix d. ob.
Stephanus Bard et heredes Ricardi de Pirye	iij d. ob. q^a
Heredes Nigelli et soc [ii]	iij d. ob. q^a
Heredes Rogeri Belling	iiij d.
Thomas de Pirye	ob.
Heredes Johannis de Faunescumbe	xv s. x d. ob.
Allocandum eisdem	ij d. ob. Item viij d.
Nicholaus de Hadlo, pro Julian' de Amyn-ger	xvij d.
Lucas de Faunescumbe	iiij s. iij d.
Heredes Hamonis de Cumbe	xj d.
Heredes Willielmi de Cumbe	xiij d.
Heredes Helewysiæ et Orable de Meyham	xiiij s.
Thomas de Eastrie	xiij d. ob.
Thomas filius Emmæ	j d. ob.
	Summa iiij li. vj s. v d. ob.

Inde heredibus Radulphi Cabet	v d.
Symoni filio Stephani de la Tone	j d.
Gileberto de la Pette	vj d.
Luc' de Faunescumbe	viij d. Item j d.
	Summa xxj d.

OCHOLTE.

Heredes Roberti Fader	vj d.
Terra Petri	vj d.
Symon filius Martini et soc [ii], pro heredibus Dod	iiij d.
Heredes Roberti Keybore	ij d.
Willielmus filius Reginaldi de Chelcheburn'	iiij d.
Heredes Melecompe	iiij d.

Willielmus et Walterus Fraunceys	vj d.
Tenentes de Strecheslond'	dimidiam marcam

Summa ix s. iiij d.   Item vj s. ob. q^a.

Westhethe.

Redditus de Seldis.

	Thomas Kete	iij d.
	Symon Babbe	ob.
non est in rotulo apud Wy	Hugo clericus	iij d.
	Walterus Aurifaber	iij d.
	Walkelinus atte Coppedetre	ij d.

Summa xj d. ob.

Redditus de Estkyngesnode.

Heredes Willielmi de Ummindenn'	xxiij d. q^a. Item ij d.
Terra Brid	xv d.
Robertus de Kyngessnod'	xiiij s. vj d. Item iij d. ob. de novo
Idem, pro Johanne Scot	q^a
Persona de Kyngessnod'	ij s.
Willielmus et Daniel fil[ii] Mathæi de Cruce	xvj d. ob.
Henricus faber	vij d. ob.
Allocandum eidem	ij d.
David filius Wulnoth'	ij d.
Heredes Roberti et Willielmi de la Tone	ix d. ob.
Walterus de Stonstrete	iiij d. ob. q^a
Allocandum pro Beket	ob. q^a
Radulphus filius Paulmer'	vij d. ob. q^a
Mabilia filia Willielmi de Gorherst	vij d. q^a
Agnes filia Wulmeri de la Tone	ob. q^a
Robertus de Pleisto	iiij d.

Willielmus Merye	iiij d.
Idem, pro Johanne Scot,	j d.
Felicia filia Roberti Merye	j d.
Heredes Roberti de la Tone	j d. ob. qᵃ
Radulphus de Essehurst	xiiij d. qᵃ
Allocandum eidem	iij d.
Idem Radulphus et Daniel filius Eldith'	vij d. ob.
Item allocandum eidem Radulpho, pro Beket	j d. ob. Item ob.
Meynard Dod	vj d.
Rogerus filius Agnetis	v d.
Adam filius David, scilicet Adam Lete	xiij d. qᵃ
Willielmus Cutiler	ij d.
Alicia filia Roberti Carpentarii	iij d. ob. qᵃ
Henricus Corveser	ob. qᵃ
Heredes Radulphi Linke, pro Blakebrok'	iij d. ob. qᵃ
Thomas Wypel filius Walteri Carpentarii	j d. ob. Item ob.
Meynard Gog	iiij d. ob. qᵃ
Idem Meynard', pro Thoma Albo	iiij d. ob. qᵃ
Allocandum eidem, pro Beket	ob. qᵃ
Willielmus Albus et Reginaldus frater ejus, pro Thoma Albo	iiij d. ob. qᵃ
Idem Willielmus et Reginaldus	vij d. ob.
Filiæ presbiteri	. . . d.
Heredes Thomæ filii Matilldis	. . .
Mathæus de Pynkyndenn'	ob.
Paganus de Pinkyndenn'	j d. qᵃ
Heredes Radulphi le Hettere	vij d.
Jordanus de Westbrok' et Normannus frater Baldewini	ij d. qᵃ
Rogerus filius Ranulfi de la Frith'	iiij d.
Walterus de Chelmynton', pro Bricio de Orgareswik'	vj d. ob
Heredes Jordani Devenoc	iij d. ob. Item j d. ob. qᵃ

Heredes Feliciæ de Kyngesnode	iiij s. iij d. ob.
Robertus filius Rogeri	xl d.
Robertus de Blakebrok' et heredes Danielis	xxj d.
Item prædicti heredes Danielis	ij s. ob.
Rogerus de Bosco	iij s. qᵃ
Walterus de Bosco	xv d. ob.
Jordanus de Westbrok'	ij d.
Idem Jordanus et Radulphus filius Adæ	x d. ob. qᵃ
Willielmus de Ealdeton'	iij d.
Alanus filius Paulmer'	ij s. iij d ob. qᵃ
Henricus et Osbernus de Stonstrete	iij s. iiij d.
Robertus et Walterus de Stonstrete	xij d. ob.
Heredes Reginaldi filii Matilldis	ij s j d.
Jordanus de Bouescote cum soc [iis]	ij s. vj d.
Rogerus filius Siwardi et Willielmus Spiciarius	xiiij d. qᵃ
Heredes Ferebraz	xviij d.
Allocandum eisdem	xij d. ob.
Johannes de Chelmynton' et Willielmus frater Rogeri	ij d.
Thomas de Capella et Mathæus de Notebery	iiij d.
Meynard Gog, Willielmus Gog et Wimarca mater eorum	xij d. ob. qᵃ
Willielmus Baldewyn' et Norman frater ejus	viij d. ob.
Heredes Roberti Torche et [socii]	x d. ob.
Heredes Walteri Mercatoris	iij d. ob.
. . . . Robert[us] hered[es] Willielmi Elurich'	viij d. Item iij d. ob
Jordanus de Westbrok'	j d. ob.
Robertus de Blakebrok'	vij d. ob.
Alanus filius Ricardi de Bevere	ij d. ob.
Thomas de Marchesham	ij d.
Heredes Wodegar	j d.
Willielmus et Meynard' Gog	iij d.

Willielmus Chepman	v d. ob. qᵃ
Albinus et Johannes Gog	iij d.
Radulphus filius Adæ, pro Isabella Gog	iiij d. ob.
Heredes Thomæ de Marchesham	ij d. Item j d. ob.
Heredes Roberti de Marchesham	iij d. ob.
Radulphus Koc filius Willielmi de Marches-ham	j d.
Willielmus de Blakebrok'	j d. ob.

Summa lxxiiij s. viij d. Item iij d. ob.

Inde Roberto de Kyngessnode	iij d.
Personæ de Eluineham	iiij d.
Heredibus Feliciæ de Kyngessnode	ij d.
Heredibus Meynard' Gog	j d. ob. qᵃ
Isabellæ Motekyn [*per rotulum*]	vj d. ob. qᵃ

Summa x d. ob. qᵃ. Item per rotulum vj d. ob. qᵃ.

WESTKYNGESSNODE.

Robertus de Aspale	iiij d.
Alditha Pyx	iiij d.
Heredes Symonis le Chaloner	iij d.
Hamo et Johannes filii Willielmi de Forda	j d.
Tota Westkyngessnode pro Romescot	xiiij d.

Summa xxvj d.

Inde ad Romescote	ob. qᵃ
Et pro Siredeston'	j d.

RUMDENN'

Heredes Johannis filii Jocii	j d. ob.
Heredes Willielmi filii Jocii	v d. qᵃ
Willielmus Rufus	v d.

Summa xj d. ob. qᵃ

IBURMINDENN'.

Dominus de Essetesford'   xij d.

Summa patet.

CHEPEREGG'.

Johannes de Pising'   x d.
Heredes Radulphi de Campis   v d.

WECCHINDENN'.

Johannes filius Thomæ   ix d.

ICHEREGG'.

Heredes Gileberti de Grana   ij d. ob. qᵃ
Heredes Gilles   j d. ob. Abbas
Matilldis uxor Gervasii   j d. ob.
Heredes Thomæ Humfr'   v d.

ALDRINGDENN'.

Heredes Martini de Aldringdenn'   vj d.
Heredes Malgeri et soc[ii]   iij d.

EGLINGDENN'.

Gilebertus de Eglingdenn' et heredes prædicti
  Malgeri   xiiij d. ob.
Heredes Elwyni et Helyæ   xiiij d. ob.

Summa vj s. ob. qᵃ.

Inde Amisio de Brichindenn'   ij d.

REDDITUS DE VILLATA DE WY.

Willielmus le Frode	iij d.
Heredes Radulphi Cabet	vj d. ob. Item j d. ob. Item j d.
Heredes Ferebraz	ij s. ob.
Allocandum eisdem	j d.
Jordanus Copping'	iiii d.
Henricus filius Martini Pelliparii	iij d. ob.
Albreda de Forstallo	vj d. ob. qᵃ
Heredes Elwin' Scot	v d.
Mabilia heres Henrici Dod	v d.
Asketinus Pukel	ij d.
Iamo Tunere	qᵃ
Heredes Haghemunde Cukeu	ij d.
Godefridus Arcur	xiiij d.
Heredes Scot, pro eodem	ob.
Stephanus filius Elyæ de Estmanneston', pro Godefrido et Letitia de Fannes	j d. ob. qᵃ
Emma Solye, pro eodem	ob. qᵃ
Alicia Tayllur, pro eodem	ob. qᵃ
Thomas Gossolt, pro eodem	j d.
Willielmus de Mercato	ij d. ob. qᵃ
Symon de Mercato, pro eodem	ob.
Willielmus Michel	ob.
Betun de Fannes	qᵃ
Willielmus Cartere	j d. ob. qᵃ
Philipp]us de Wy, pro eodem	j d.
Godefridus Haghemund', Willielmus Scot, et Ricardus Scot, pro heredibus Motekyn	ij d.
Rogerus Shonke	vij d. ob. qᵃ
Amicia de Chawell'	vij d. ob.
Willielmus de Cumbe	vij d. ob.

Martinus Child	xv d.
Heredes Loth le Brun	vij d. ob.
Heredes Warini Carpentarii	ix d.
Ricardus de Plumton'	j d.
Jordanus Scarias	iiij d. ob.
Wydo de Edingbrok'	ij d.
Magister Willielmus de Brunesfor l'	j d.
Augustinus filius Johannis de Holte	j d.
Heredes Willielmi Plente	ob.
Heredes Walteri Mogge	ob.
Walterus Selk'	ob.
Petrus le Kolt	ob. Item iiij d.
Alanus filius Ricardi Santere	vj d.
Willielmus de Cranebrok'	x d.
Thomas Noreys, pro situ molendini	iij d. ob.
Heredes Johannis le Fullur, pro stallo in aqua	ob.
Heredes Baldewyni Cobbe	ob.
Jordanus Fot	ob. Item ob.
Heredes Symonis Eylred	ij d.
Emma filia Stephani Trippe	j d. ob.
Stephanus Sutor de Westesture	iij d.
Serlo de Stontegh'	ij d. ob.
Henricus Pret	j d. q^a
Ricardus Florenc'	iij d.
Johannes Godale	iij d.
Thomas filius Reginaldi, pro Useberne	iiij d.
	Summa xvj s. xj d.

BOCHOLTE.

Stephanus de Kyngeswode	xiiij d. ob.
Allocandum eidem	ij d.
Thomas faber, pro Johanne Fraunceys	ij d.
Ricardus Stronge	vij d. ob.

Henricus de Stonhelde	v d.
Monachi Sancti Bertini	iij d. ob. Item v d.
Mathæus de la Dane	ix d.
P[hilipp]us de Wy, pro heredibus Mistiman	j d. qᵃ
Heredes Ferebraz	j d.
Willielmus Textor	ij d. ob.
Couellyde	iiij d. qᵃ
W llielmus Draghetope	j d.
Henricus et Mathæus de la Dana	j d. ob.
Ricardus Ace	ij d.
Petrus aurifaber	iij d. qᵃ
Radulphus le Wred, scilicet Huot	ij d. ob.
Symon Dust	j d.
Hugo Barun j d., P[hilipp]us de Wy, pro eodem	ij d.
Allocandum eidem Hugoni	j d.
Eylmerus le Bret	ij d.
Heredes Salomonis de Kyngeswode	v d. qᵃ
Heredes Willielmi de la Rede	xix d.
Allocandum eisdem	iiij d. ob. qᵃ
Heredes Cole iiij d. ob., P[hilipp]us de Wy, pro eodem	ij d. ob.
Radulphus de Eldelond', pro Dobbewode	vij d.
Willielmus filius Thomæ de Bosco	viij d.
	Summa ix s. ij d. qᵃ

Inde heredibus Willielmi et Alani de Puttok'	vij d.
Heredibus Willielmi de Forda	iij d.
Willielmo de Valoynes	iij d.
Heredibus Ferebraz	j d.
Godefrido de Chilton'	j d.
Symoni de Chilton'	j d.
Pro heredibus Hamonis de Ealdelond'	j d. forgabulum
	Summa xvij d.

Summa totalis de termino Michaelis   x li viij s. ij d. q^a.
Item de novo redditu   xxij s. vj d. ob.

Summa totius redditus per annum, ultra omnes allocationes et resolutiones, de claro secundum istud librum,

                        lxviij li. xix s. iiij d. q^a.

REDDITUS VOMERUM AD FESTUM SANCTI JOHANNIS.

Heredes Anable de la Slede	j vomerem
Nicholaus de Ecclesia et Nicholaus de Haulo	j vomerem
Heredes Godefridi de Doddeston'	j vomerem

AD FESTUM SANCTI MICHAELIS.

Heredes Willielmi de Hertesole	j vomerem
Johannes Denz j vomerem, Chilton'	j vomerem
Willielmus Brode, pro Jugo Wlstan'	j vomerem
Kyngesham	j vomerem

REDDITUS GALLINARUM AD NATALE ET OVORUM AD PASCHA.

Quodlibet jugum debet ij gallinas et j gallum et xx^{ti} ova	
Summa jugorum averag'[iantium?]	xxviij
Summa gallinarum et gallorum	iiij^{xx} iiij
Summa ovorum	dlx
Virgata de Throst	unam gallinam et quinque ova

JUGA LIBERA.

Bertrannus de Cryol, pro Wastplimton'	ij gallinas xv ova
Heredes Augeri de Pette	j gallinam x ova
Heredes Walteri Crulling'	iij gallinas xx^{ti} ova
Henricus de Stapele	j gallinam v ova

Stephanus atte Tone	j gallinam ij ova et dimidiam
Heredes Symonis et Roberti Pokel	ij gallinas. Item j
Heredes Guydonis Selk'	iiij gallinas
Inde Willielmo de Coumbe	ij gallinas
Heredibus Willielmi atte Forde	ij gallinas

PLIMTON'.

Willielmus et Daniel fratres	ij gallinas j gallum
Godefridus et Robertus fratres Jordani Marescalli	j gallinam j gallum
Rogerus de Wesel', Willielmus Heyrum, et Ricardus Cancell'	ij gallinas j gallum xx^{ti} v ova
Gilbertus Willielmus et Thomas de Wendringham	j gallinam j gallum
Henricus Symon et Godardus Wulmey	ij gallinas
Robertus filius Rogeri Carpentarii	ij gallinas
Inde heredibus Roberti Kaybore	j gallinam et dimidiam
DE WESTHETHE	vj gallinas

PLERINDENN'.

Siredus Ruffus et soc[ii]	ij gallinas
Idem Siredus et Stephanus de Plerindenn'	iiij gallinas
Hugo et Henricus de Plerindenn' fratres } Ricardus de Plerindenn'	iiij gallinas
Johannes de Becebundenn'	ij gallinas.
Symon le Wyse iiij gallinas, Stephanus de la Hoke	j gallinam

Wecchindenn'.

Willielmus et Constantinus, pro terra Elvene, et Thomas heres Humfridi	j gallinam, unde abbas sextam partem
Heredes Martini de Albrindenn' et soc[ii]	j gallinam
Gilbertus de Eglindenn' ⎱ Malgerus de Eglindenn' ⎰	ij gallinas
Heredes Elwyni et heredes Elyæ	ij gallinas

Bocholt.

Johannes Blundel et fratres	j gallinam
Heredes Ricardi fabri	ij gallinas
Heredes Thomæ textoris	ij gallinas
Heredes Anable atte Slede	j gallinam
Henricus de la Saghthe	j gallinam
Johannes Fraunceys	ij gallinas
Ricardus Strong'	v gallinas xl ova
Robertus de Stonhelde	ij gallinas xl ova
Hamo de la Hetthe	ij gallinas xv ova
Mathæus et Henricus Bithedane	ij gallinas xv ova
Hugo Barun	xxv ova
Inde heredibus Ferebraz	j gallinam

Villata.

Ricardus Scot et soc[ii]	j gallinam
Rogerus Tannator	j gallinam
Heredes Johannis tinctoris	j gallinam
Ricardus Waleys	ij gallinam
Item Rogerus Tannator	j gallinam
Robertus Chynne	ij gallinam
Stephanus Kene	ij gallinas

Willielmus Molendinarius	ij gallinas
Heredes Edmundi Breack', [videlicet Johannes Sandreforde]	j gallinam

WESTKYNGESSNODE.

Willielmus de la Hoke	j gallinam
Walterus de la Hoke	j gallinam
Ricardus filius Adæ le Hog	j gallinam
Ricardus Rykelyn	j gallinam
Willielmus Tannator	ij gallinas
Heredes Radulphi de Forda	j gallinam
Heredes Rogeri de Forda	j gallinam
Walterus Juvenis	j gallinam
Heredes Roberti de Westkyngessnode	ij gallinas
Osbertus de Plukele	j gallinam
Osbertus Doul	j gallinam
Alditha Pix	j gallinam
Ricardus Wytman	j gallinam
Heredes Willielmi Coleman	j gallinam
Holemere	j gallinam
Heghelond'	j gallinam
Heredes Petri	j gallinam
Heredes Willielmi de Westkyngessnode	j gallinam
Willielmus le Frend	j gallinam
Wolfrod de Westkyngessnode	j gallinam
Willielmus atte Pende j gallinam ⎱ Alditha Pix j gallinam ⎰	quæ morantur ibi
Inde heredibus Holdeghe	j gallinam

ACHOLT AD FESTUM SANCTI MICHAELIS.

Heredes Symonis de Bradeham	ij gallinas
Rogerus de Letthon' de Edwyneford'	ij gallinas

KYNGESSNOD'

Heredes uxoris Radulphi filii Paulini	dimidiam gallinam
Felix de Kyngessnod'	ij gallinas j gallum et xxv ova
Idem	iij gallinas et j gallum
Heredes Adrian de Orgareswike	ij gallinas et dimidiam
Jordanus de Westebrok'	ij gallinas
Heredes Radulphi le Hettere	iij gallinas ij gallos et xxv ova
Maynardus Dod	j gallinam j gallum
Henricus faber	j gallinam j gallum
Paganus de Pynkyndenn'	j gallinam
Matilda Bredsellestre	j gallinam
Ricardus de Bevere	j gallinam et x ova
Thomas de Marthesham	j gallinam et ix ova

CONSUETUDINES ET SERVITIA EJUSDEM MANERII DE WY,
SINGULIS ANNIS.

De averagiis: Sciendum quod tres sunt wendi, scilicet Dune-wendus, Chiltunwendus, et Brunelfordwendus'. In quolibet wendo sunt decem juga, Et sic sunt in tribus wendis xxx juga; quorum xxvj juga et dimidium sunt in Wy, In Wyvelesbergh' et Seyevetun' j jugum et dimidium, Et Kyngessnode respondebit de ij averagiis, Et sic sunt xxx^ta.

In Dunewendo sunt juga x, scilicet Cukelescumbe j jugum et dimidium, Driveres dimidium jugum, Chelcheburn' j ugum et dimidium, Ammyng' j jugum et dimidium, Walewey j jugum, in Beauderegg' j jugum averag' [averagians?], Cliteres dimidium jugum, Forewerd' dimidium jugum, Foghel dimidium jugum, Pukel dimidium jugum, Torntegh' unum jugum; Et præter hæc virgata Trostel, quæ est quarta pars unius jugi averag' [averagiantis?], debet semper unum averagium de xij septimanis in xij septimanas

In Chiltuneswendo sunt x juga, scilicet Estchiltun' ij juga, Wyther-estun' j jugum, Burghorn' et Delman j jugum, Orgar' et Robertus Pistor dimidium jugum, Westchiltun' j jugum et dimidium, Cnottes et Someres dimidium jugum, Henewoode, quod est in Wyveles-bergh' et in Seyevetun', j jugum, Danilond', quod est in eisdem villis, dimidium jugum; Et præter hæc de Estkyngessnode duo averagia in prædicto wendo; Et sic sunt in illo wendo quasi x juga.

In Brunesfordwendo sunt x juga, scilicet aula de Brunesford' cum veteri tenemento unum jugum, Norman j jugum, Wulstan' j jugum, Bissop' dimidium jugum, Belting' dimidium jugum, Broke j jugum, Dudestun' duo juga, Forde j jugum, Pirye Willielmi j jugum, cum Morling', Pirye Nel, et Berdes, et cum quadam parte de Morling', j jugum, Et sic sunt xxx juga in tribus wendis.

Et quilibet wendus faciet x averagia de tribus septimanis in tres septimanas, scilicet quodlibet jugum unum averagium de tribus septimanis in tres septimanas; Et semper per diem Sabbati, per unum scilicet Sabbatum frumentum, per aliud ordeum; Set virgata Throstel quando veniet semper portabit frumentum.

Præter prædicta averagia sunt in æstate de liberis jugis xxxiij averagia, scilicet inter Hokeday et Gulam Augusti; scilicet xvj summæ et dimidia summa, et totum de frumento; Et omnia averagia fient a Wy usque ad Bellum; Et unum averagium est dimidia summa vel frumenti vel ordei.

Item xxviij juga averag' [averagiantia?] pertinentia ad Wy, ex-ceptis ij jugis de Kyngessnode, arabunt, seminabunt, et herciabunt xlij acras ad frumentum; scilicet quodlibet jugum unam acram et dimidiam, Et virgata Throstle unam virgatam et dimidiam; Estplum-ton, quod est dimidium liberum jugum, faciet unam acram, Pirye Ricardi quinque acras et dimidiam virgatam, excepto jugo Willielmi de Pirye quod tantum arrabit unam acram et unam virgatam et dimidiam virgatam; Et ibi deficit dimidia virgata de acra et dimidia illius jugi, et suppletur defectus ille in jugo Pirye Ricardi de dimidia virgata quæ est de Morling'; Item liberum jugum de Beauderegg' arabit, seminabit, et herciabit unam acram et dimidiam.

Summa acrarum ad frumentum xlix acræ et dimidia,
j virgata et dimidia.

Omnia prædicta juga arabunt, seminabunt, et herciabunt ad
ordeum sicut ad frumentum; excepto jugo Walewey una acra et
dimidia, Et Estplumton' una acra, quæ duo juga nichil facient.

Summa acrarum ad ordeum xlvij acræ, j virgata et
dimidia.

Omnia prædicta juga de arrura ad frumentum debent tot acras
de frumento metere, colligere, ligare, et coppare, scilicet xlix acras,
dimidiam, j virgatam et dimidiam.

Item prædicta xxviij juga debent falcare, spargere, vertere, cumulare et cariare ad Curiam de Wy, et levare ibidem super tassum
xxviij acras prati; scilicet quodlibet jugum unam acram, videlicet
jugum de Beauderegg' averag' [averagians?] Chelcheburn', Cukelescumbe, Ammyng', Witherestun' Pukel, Cliteres, Drivers, Fore-
werde, viij acras et dimidiam et una virgata; Et hoc in prato de
Swyneford';

In Harifeldmed', jugum de Dudeston' ij acras, Pirye Willielmi
iij virgatas, Ryndesdon' j virgatam, Belting' dimidiam acram, Pirye
Nel, Bordes, cum Morling' j acram, Forde j acram, Estchilton ij
acras, Pirye Ricardi iij [acras];

Summa x acræ et dimidia.

In Northbrunee, juga Brok' et Foghel unam acram et dimidiam;
In Suthbrunee, Henewode, Danilond', Cnottes et Someres, et
Thorntegh', Walewey, Westchilton', Orgar', et Robertus Pistor,
Burghorn' et Delman, vij acras; In Blykemede, aula de Brunes-
ford', Norman, Wlstan', Bissop', iij acras et dimidiam;

Summa totalis xxxiij acræ j virgatæ prati.

ALBUS REDDITUS DOMINI REGIS, DE QUO ABBAS NICHIL
HABEBIT, SET BALLIVUS TANTUM AD OPUS DOMINI REGIS
LEVABIT.

Hampton xij d; Boctun' vj s. x d.; Welle xij d.; Dene viij d.;

Cumbe xij d.; Thrimworth' ij s.; Bocwell vj d.; Hastinglegh ix d.; Aldelose vj d.;

Summa xiiij s. iij d.

Inde Vicecomiti xiiij s.; Bedello, pro labore collectæ faciendæ, iij d.

[The following Memoranda relating to the Customs of the Manor of Wye are transcribed from a small volume entitled " Redditus diversimodi Ecclesiæ de Bello pertinentes," formerly in the Augmentation Office:]—

DE WY.

Anno quo guerra fuit inter Regem Johannem et Barones Angliæ, ad festum Sancti Thomæ Apostoli, emergebat obolus qui dicitur foxalpeni de v jugis; scilicet de uno jugo et dimidio de Cugelescumbe, et de uno jugo et dimidio de Chelchesburne, et de dimidio jugo de terra as [les?] Duneres, et de uno jugo et dimidio de Hemminge, et de una virgata de Throstesierd;

De tribus jugis Ricardi de Pirie et de duobus jugis Willielmi de Beudrege emergebat obolus quem Willielmus super pacat;

De uno jugo Pukel et sociorum ejus, et de uno jugo Ricardi de Tortege et sociorum ejus, et de uno jugo H. Walewei et sociorum ejus, et de uno jugo Walteri filii H. et sociorum ejus, obolus;

De uno jugo Willielmi de Chiltune, et de uno jugo filii Geroldi, et de uno jugo et dimidio de Westchiltune, et de tribus virgatis Burghornd' et sociorum ejus, et de una virgata Roberti pistoris, et de una virgata Walteri pistoris, et de una virgata Orgari pistoris, obolus;

De uno jugo Simonis de Brunesford, et de dimidio jugo filii Wlstani et sociorum ejus, et de uno jugo filii Normanni de Brunesford et sociorum ejus, et de duobus jugis de Dudestune obolus;

De uno jugo Willielmi de la Forde et sociorum ejus, et de uno jugo Adæ Legistre et sociorum ejus, et de uno jugo Stephani de

Rengesdun' et Godwini de la Cumbe, et de uno jugo Beltinge, et terra Bissop et Alanus Putac, obolus ;

De uno jugo Henwde, et de uno jugo Denilonde, et filii Cnotte, et de uno jugo Martini de Wilmintune et Warini, et de uno jugo heredum Roberti de Lege, obolus.

Quondam ad summonitionem nostram fuerunt xxij hundredi et dimidium, Nunc autem pertinent tantum septem, scilicet : Blake-burne, Tendurdenne, Rulumdenne, dimidius hundredus de Berne-feld, Silbriddenne, Cranebroke, Badekeleg', de quibus debemus habere ij denerios et Rex tertium ; Præterea summonemus Kale-helle, Felebrage, Chileham, Godmeresham, Cherteam, quæ omnia habent fossas suas, et ideo nichil habemus de illis.

Septem hundredi non habent fossas nisi apud Wy, et ideo habe-mus ij denerios ; Archiepiscopus tamen et Prior de novo trahunt homines suos ad fossas ; Abbas de Sancto Augustino non habet.

Hundredus de Langebreg' recipit summonitionem nostram et habemus inde ij denerios, et debet serviens noster interesse et acci-pere merciamenta, similiter de septem hundredis.

Baculus debet currere a festo Sancti Michaelis usque ad Na-tivitatem, et a Pascha usque ad festum Sancti Petri ad Vincula; et sunt xiiij borgi, scilicet : Beudrege, Brunesford, Wilmintune, Gocele, Hebbinge, Welle, Sotindune, Dene, Beumundestune, Thokinkeam, Sacumbe, Tremworthe, Tune, Cukelescumbe.

In Cancia sunt lxvj hundredi præter Middeltune, Cantuariam, Quinque Portuos, Roffam, Derteford, Niwendenne ; et isti hundredi sunt pertinentes ad leth, et sunt in Cancia tantum sex leth, primum, Sancti Augustini, Eldinge, Sipweie, ubi sunt xiiij hundredi, Srewin-cheope, ubi sunt xvj hundredi, qui pertinent ad nostram summoni-tionem, præter Fevresham, Tenham, Boctune, Gilesford, Sutthune.

Redditum dimidii jugi quem tenet Willielmus de Esplumtune et socii sui, scilicet ad quemlibet terminum x denerios, dedit W. Abbas Radulpho Picot, cujus heres est Bertrammus de Criel ; Set forinseca servitia reddunt Willielmus et socii sui; scilicet, arant, seminant, herciant, metunt, ligant, et coppant ; et per summonitionem falcant unam acram; et intus ducunt, et ad custum et (ad) cibum proprium; et si non veniant ad summonitionem sunt in misericordia de xxj deneriis ; Reddunt etiam ad Natale ij gallinas, et ad Pascha x ova, et averant quinque averagia, et debent sequi Curiam domini, et auxilium facere domino sicud alii; et hac terra vocatur Sifled.

Notandum quod quodlibet jugum de xxvij jugis et dimidio et una virgata, una cum dimidio jugo de Denilonde, reddit ad Natale tres gallinas, et ad Pascha xx ova; set serviens veniet semel propter illas; quod si eas non habuerit, ipsi eas portabunt infra xij dies, quod si infra xij dies non aportaverint, pacabunt gallinas et erunt in misericordia domini de xxj deneriis ;

Præterea Johannes de la Tune reddit unam gallinam et v ova de terra quæ fuit Reginoldi Sporcarii; Item Angerus de la Pecce unam gallinam et v ova ; Item jugum de Sandesdane iiij gallinas et xx ova ; Item Radulphus Wallensis ij gallinas, quas ipse portabit sine summonitione ; Item heredes Willielmi Crispini ij gallinas, quas ipsi portabunt sine summonitione ; Item Daniel de l   duas gallinas, quas portabit sine summonitione.

Hæc sunt undecim libera juga quæ reddunt redditum suum in uno die ; scilicet, Sevietune unum jugum quod reddit in die Sancti Michaelis xiiij solidos; Item tria juga de Plumtune quæ tenet Ricardus Juvenis, heres Roberti de Marti, reddunt xxij solidos et ij d. in die Sancti Martini; Item iiij juga de Beltesburne reddunt in die Sancti Michaelis duos marcas; Item duo juga de Crundale reddunt unam marcam in die Sancti Johannis; Vanne j jugum, reddens vij solidos et iiij d. ; Item Thomas de Oliford reddit pro uno jugo unam marcam in die Sancti Michaelis pro omni servitio.

Molendinum de Bolle quod tenet Simon de Brunesford jacet pro uno jugo, et reddit per annum xx solidos pro omni servitio, et xxvj denarios pro mutura, et de anguillis vj sticas pro piscatione in stagno;

Molendinum de Wy jacet pro uno jugo, et reddit per annum xxxij solidos pro omni servitio, et xxvj denerios pro mutura, et de anguillis decem sticas ;

Molendinum de Helmthege jacet pro uno jugo, et reddit per

annum xj solidos et iiij denerios, et xxvj denerios pro mutura;
Cujus molendini Ricardus Brun habuit quartam partem, Quo
Ricardo mortuo, successerunt sibi iiij filii, quilibet eorum optinens
partem suam de quarta parte dicti molendini; Set Johannes de
Bosco emit de duobus filiis Ricardi Brun scilicet de Waltero Brun
et   fratre suo, quicquid contingebat illos in dicto molendino,
et hoc fuit octava pars, salva tamen relictæ Ricardi Brun patris
dicti Walteri Brun et   dote sua de dicta octava parte;
Unde intelligendum quod, prædicta relicta Ricardi vivente, non
habemus nisi sextam decimam partem molendini, qua vero defuncta,
succedet nobis libere octava pars.

Et sciendum quod ista tria molendina solebant molere totum
brasium mittendum ad Bellum, et brasium Curiæ de Wy, sine
theloneo, et quia non molunt brasium de Bello reddunt pro mutura
vj solidos et vj d., scilicet quodlibet molendinum xxvj denerios; et
defendunt se pro tribus jugis in donis faciendis domino; Alia vero
juga dant pro brasio faciendo xx solidos in Crastino Purificationis.

Triginta sunt juga et dimidium apud Wy quæ dicuntur libera.

Heredes Willielmi de Kingeswode tenent unum jugum;

Heredes Radulphi Blundel dimidium jugum, pro xxiij d. iij q^a
per annum;

Orlawestune, dimidium jugum;

Heredes Stephani de Rengeswode unum jugum, solvendo vij
solidos;

Heredes Ricardi de Pirie tria juga et j virgatam, reddendo xxiiij
solidos et ij denerios, et habent xxxij acras et dimidiam de bosco pro
v solidis et v deneriis;

Heredes Willielmi de Essetesforde iiij juga, reddendo liij solidos,
et tenent xl acras de bosco pro dimidia marca, et debent viij
averagia;

Heredes Ricardi de Vannescumbe duo juga, pro j marca in die
Sancti Michaelis pro omni servitio;

Heredes Anfredi de Tuteham unum jugum pro dimidia marca in die Sancti Michaelis ;

Heredes Thomæ de Holiforde unum jugum, pro dimidia marca in die Sancti Michaelis;

Heredes Adæ de Sumeri unum jugum, pro vij solidis et iiij deneriis pro omni servitio;

Apud Crundale duo juga pro ij marcis ;

Heredes Simonis de la Tune unum jugum pro viij solidis et iiij deneriis, et debent viij averagia, et reddunt redditum suum ad quatuor terminos;

Heredes Aldens dimidium jugum pro v solidis, et v averagia debent.

Heredes Angeri de la Pecce j virgatam pro xxij d., et iij averagia, et j gallinam ;

Heredes Willielmi de Plumtune et sociorum ejus dimidium jugum;

Sandesdane j jugum, pro viij solidis et ij deneriis per annum, et ij gallinas pro omni servitio;

In villa de Wy unum jugum;

In Acholte unum jugum;

De Plumtune tria juga, reddendo in die Sancti Martini xxiij solidos et ix denerios;

Scievetune unum jugum, reddendo in die Sancti Michaelis xiiij solidos;

Heredes Willielmi Buteiller unum jugum pro vij solidis et v deneriis, et dant vij denerios et obolum de husbote in die Sancti Michaelis, et alias consuetudines facit sicut alia juga, set non averant, et dant ad quemlibet terminum foxalpeni pro se et pro Ricardo de Pirie;

Tria molendina, scilicet de Wy et de Bolle et de Holitege, tenent tria juga;

Præter ista xxx^{ta} juga et dimidium jugum, tenet Jordanus de Forde quandam purpresturam in Reddebroc unde facit quatuor averagia cum supradictis, et eodem tempore, scilicet inter Pascha et festum Sancti Michaelis.

Redebrok.

SUNT ETIAM APUD WY xxx^{ta} JUGA SERVILIA ET UNA VIRGATA
CUM DUOBUS JUGIS APUD KINGESSNODE.

Cukelescumbe tenet unum jugum et dimidium ;
Chelesburne cum terra les Duneres duo juga ;
Throstesipherd unum virgatam ;
Beaudrege unum jugum ;
Hamminge unum jugum et dimidium ;
Walewey unum jugum ;
Walterus filius Henrici et Cliter' unum jugum ;
Pukel et Fugel unum jugum ;
Heredes Roberti de Lege unum jugum ;
Thornege unum jugum ;
Heredes Willielmi de Chiltune unum jugum ;
Heredes Geroldi unum jugum ;
Heredes Willielmi Burnhorn et sociorum suorum iij virgatas ;
Weschiltune unum jugum et dimidium ;
Robertus pistor et socii sui dimidium jugum ;
Cnotte et socii et Denilonde unum jugum ;
Walterus pistor unum virgatam ;
Simon de Brunesford unum jugum ;
Heredes Norman et sociorum suorum unum jugum ;
Heredes Wlstani unum jugum ;
Heredes Roberti de Dudestune duo juga ;
Heredes Bertelini et socii sui unum jugum ;
Heredes Roberti de Pirie iij virgatas ;
Heredes Berdes dimidium jugum ;
Apud Forde unum jugum ;
Heredes Stephani de Rengesdune unum virgatam ;
Apud Pirie dimidium jugum ;
Beltinge dimidium jugum ;
Terra Bissop dimidium jugum ;
Henewode unum jugum, et hoc jugum non habet boscum in
Kingeswode set in wallis, scilicet —— ;

Apud Kingessnode duo juga;

Et notandum quod omnia ista juga xxx^{ta} et j virgata reddunt ova et gallinas, scilicet quodlibet jugum iij gallinas et xx^{ti} ova, præter duo juga de Kingessnode quæ nec dant gallinas nec ova.

Ista juga paria sunt in redditu, in husbote, in brasio faciendo; et quodlibet istorum debet arare unam acram et dimidiam in hieme, et in Quadragesima tantum; et seminare, set de semine Abbatis, et herciare, et in autumpno metere unam acram et dimidiam; ligare, coppare, falchare unam acram, levare et cumulare, et kariare ubi poni debet.

Ricardus de Pirie tenet tria juga et unam virgatam inter libera juga, set per redditum quem reddunt juga servilia, et tamen non sunt de numero illorum; Arant, seminant, falcant, set non averant nec husbotant nec brasiant; quod mirum videtur, cum quodlibet reddat vij solidos et v denerios, more illorum quæ averant, nec dant gallinas, nec ova; Summa redditus xxiiij s. iij d.

Jugum Willielmi de Beudrege, quod dicitur liberum, par est uni jugo Ricardi de Pirie in redditu et consuetudine, excepto quod non husbotat;

Jugum de Rengesdune, quod reddit vij solidos, et jugum de Beudrege, et xxvij juga et dimidium et una virgata quorum quodlibet reddit per annum vij solidos et v denerios, sunt de numero vj librarum et excrescunt xij denerii et iij quadrantes;

Liberum jugum Willielmi de Beudrege reddit per annum cum istis, vij solidos et v denerios, husbotat, set non brasiat;

Similiter jugum liberum Stephani de Rengesdune non averat neque brasiat, set husbotat, et reddit tantum vij solidos, scilicet xl denerios de antiquo et xliiij denerios de novo;

Dimidium jugum de Denilonde reddit sicud alia, et tamen non est de illis quæ reddunt vj libras; husbotat, averat, non brasiat nec habet partem in nemore, licet reddat more illorum quæ habent boscum;

Triginta duo juga et una virgata sunt apud Wy, scilicet xxvj juga averantia et dimidium et j virgata, et jugum de Henwode, et dimidium jugum de Denilonde, et duo juga de Rengesdune et de Beudrege, et duo juga apud Kingessnode; Reddunt in die Sancti Michaelis xx solidos pro husbote, scilicet jugum vij d. et ob.

Viginti vij juga et dimidium et una virgata sunt de vj libris, et faciunt omnes consuetudines pariter, sine exceptione, et ideo patre mortuo successor dat relevium, scilicet xl denerios;

Similiter dimidium jugum de Denilonde facit omnes consuetudines præter brasium, et dat relevium secundum redditum;

Similiter jugum de Rengesdune et de Beudrege dant relevium patre mortuo xl d., secundum antiquum redditum, et hoc quia husbotant;

Omnia alia juga tantum dant de relevio quantum de redditu.

Similiter duo juga de Kingessnode tantum dant de relevio quantum de redditu, licet husbotent; Item ista duo averant set non brasiant, et quia non brasiant, debent portare pisas vel fabas in cursu suo, et debent super duo averagia in tribus septimanis; Item ista duo juga non reddunt sicud alia de Wy vij solidos et v denerios, nec dimidium jugum quod dicitur Denilonde quod est in parachia de Wivelesberge, et ideo non sunt de numero sex librarum.

Quodlibet jugum de triginta et una virgata debet unum averagium in iij septimanis;

Quodlibet jugum de xxvij et iij virgatis debet arare in hieme unam acram et dimidiam, et post Natale Domini iterum acram et dimidiam; metere, ligare, coppare, falcare unam acram, vertere, cumulare, et ducere intus;

In crastino Purificationis xxvij juga et dimidium et una virgata reddunt pro brasio xx solidos, scilicet jugum ix denerios;

Heredes Ricardi de Pirie tenent tria juga et unam virgatam quæ faciunt omnes consuetudines in redditu, arura, seminatura, falchatura, sicud alia; set non husbotant nec averant nec brasiant; Reddunt autem de quolibet jugo vij solidos et v denerios sicud illa de vj libris, set non sunt de illis; unde videtur quod debeant averare, brasiare, husbotare;

Willielmus de Beudrege tenet unum jugum quod est par heredibus Ricardi de Pirie, præter quod husbotat, et est de sex libris.

Lx juga et dimidium sunt apud Wy, quorum triginta et una virgata averant, et quodlibet averariorum reddebat antiquitus xl denerios; Triginta alia juga et una virgata sunt libera.

In villa de Wy sunt xxvj juga servilia et dimidium, averantia, brasiantia, et una virgata quæ dicitur Throstesierd, q[uæ] non h[abe]t nemus suum sine redditu sicud alia; et jugum unum in parachia de Wivelesberge scilicet Henwode, quod habet dennam suam per se; et dimidium jugum de Denilonde, et duo juga in Kingessnode.

Duo juga de Rengesdune sunt libera nominata, et jugum de Beudrege, quæ husbotant et sunt de numero vj librarum; Tamen jugum de Rengesdune non dat xlix denarios præter antiquum redditum sicud alia, set xliiij denerios; Item neutrum istorum brasiat; Ista duo juga habent boscum in nemore, scilicet acram pro ij denarios, quia Rengesdune x acras pro xx denerios;

Similiter apud Beudrege est unum jugum liberum quia nullum facit averagium sicud nec alia libera; De illo tamen datur husbote et xlix d. per annum, et habet x acras de bosco in nemore pro xx denarios, et non brasiat;

Aliud est jugum apud Beudrege habens x acras de bosco sine redditu, et per hoc probatur quod est servile sicud alia, et facit omnia averagia sicud alia;

Dimidium jugum de Denilonde par est aliis in redditu et husbote set non in brasio, unde nichil dat de xx solidis, nec habet boscum in nemore;

Ista xxix juga et dimidium et una virgata, scilicet xxvij juga et dimidium averantia et brasiantia, et una virgata quæ dicitur Throstesierd, et duo juga dicta libera de Rengesdune, et de Beudrege, reddunt præter antiquum redditum vj libras, et excrescunt xij denerii et iij quadrantes.

Omnia juga quæ debent arare debent vertere aratra sua versus terram domini in vigilia Sancti Martini, et feria proxima post, sine summonitione, arare in terra domini, et qui non facit in misericordia domini de xxj deneriis ; Similiter in vigilia Sancti Gregorii ;

Si Sabbato non venerit ad averandum, nec in die Lunæ venerit ad Bellum, erit in misericordia de xxj d.; et potest Bedellus suplere, et habebit vj denarios, et averabit ad proprium custum et cibum semel in iij ebdomadis.

Triginta sunt juga et una virgata averantia, scilicet xxvij et dimidium et una virgata, et Denilonde, et duo juga de Kingessnode;

Undecim libera quæ reddunt in uno redditum suum, Seievetune, Plumtune, Crumdale, Vannescumbe;

xxvij juga et dimidium et una virgata habent boscum in Kingeswode sine redditu, quodlibet x acras;

Summa acrarum cc lxvij et dimidia.

Hii omnes sequuntur hundredum de Wy.

Omnes homines de Boctune qui sunt de honore Comitis de Bulunne; Omnes homines qui sunt de honore Comitis de Perches ; Omnes homines de Beaumundestune qui sunt de honore W. de Say; Omnes de Dene qui sunt de honore Hamonis de Crevequer; Omnes de Bukewelle qui sunt de honore Arsic ; Omnes de Tremwithe qui sunt de honore Comitis Glocestriæ; Omnes homines de Vanne qui sunt de honore Warini filii Geroldi; Et omnes homines de Cumbe et de Brokes et de Haltune et de Wilmintune [et] Sotindune.

Wechindenne xiiij sol. xj den.
Heselindenne xxxiij d.
Cheperege v solid.
Aldringdenne xl den.
Hicherege iiij sol. vj d.
Westhee xx solid.
Baldewinus Tuckere et frater ejus Willielmus vj sol. ix d.

Robertus et frater ejus ix solid.
Willielmus de Hillallegate iiij sol. iij d.

Isti habent circiter xxxvj acras cum pratis, ubi sunt circa octo acras, et terra arabilis de marisco circa xij vel xiiij acras, et juxta viam de Sipweye habent versus orientem circa iiij acras in tribus locis.

Memorandum quod Simon de Tuna habuit octavam partem molendini de Wy, et hanc octavam partem emit Ricardus postea Abbas de Bello pro xl solidis, et pro redditu sex denariorum solvendorum heredibus Radulfi Soltebrede annuatim, ad festum Sancti Michaelis; Item idem Ricardus emit quartam partam ejusdem molendini de Stephano de Rengesdune pro centum sólidis, et pro redditu sex denariorum annuatim solvendorum illi et heredibus suis in die Sancti Johannis Baptistæ, et hanc partem eandem confirmavit Mabilia uxor dicti Stephani in libera potestate viduitatis suæ Radulpho Abbati per cartam suam; Item idem Ricardus emit octavam partem ejusdem molendini de heredibus Orgari filii Stephani pro l solidis, et pro redditu trium denariorum annuatim solvendorum in die Sancti Michaelis;

Item quintam partem ejusdem molendini emit idem Ricardus per Johannem de Bosco de heredibus Walteri de Wy pro l solidis, quam partem emerunt heredes dicti Walteri de Wy de Alano Putac, quam partem dicti heredes debent warantizare Abbati et Conventui de Bello causa remedii redditus de terra quam tenent in Hacholte, cum minus dent de redditu quam alii tenentes de eadem terra, et ita Abbas et Conventus habent quinque partes dicti molendini, et heredes Walteri tres partes.

Memorandum quod coram Domino Willielmo de Eboraco et ejus sociis Justiciariis itinerantibus apud Cantuariam pax formata est inter Dominum Abbatem et Conventum de Bello et Priorem et Conventum Ecclesiæ Christi Cantuariæ super quibusdam libertatibus et consuetudinibus de hominibus de Broche in Hundredo de Wy, et sic inrotulatum est; videlicet, quod omnes homines Prioris de Broke veniunt ad duos laydeyes per annum ad præsentationes faciendas et assisas recipiendas et custodiendas de nullo placito illis diebus responsuri, aliis diebus venient ad latrones judicandos et alia judicia facienda cum necesse fuerit; Et si contigerit latronem extraneum attachiari in tenemento de Broke, borgeshaldrus cum tota borga sua ducet ipsum latronem ad Hundredum de Wy et ibi judicium suum per judicem dicti Hundredi sustinebit; Si vero contigerit aliquem hominum de tenemento Prioris de Broke pro aliquo furto vel alio crimine attachiari, tota borga cum borgesaldro ducet eum ad prædictum Hundredum, et tunc veniet ballivus Prioris de Broke et exiget curiam Prioris, et seorsum habebit et advocatis quibusdam viris discretis dicti Hundredi reus judicetur; Si vero dissensio fuerit de judicio inter dictos advocatos Hundredi in Curia Prioris ex causa rationabili, tunc revertatur reus ad judicium dicti Hundredi et ibi communiter judicetur prout deliquerit, sive in furcis vel pillorio vel tumberello dicti Hundredi; Si vero contigerit dictum hundredum aliquid promittere pro communi negotio vel expensas facere, homines Prioris de Broke secundum portionem suam debunt cum ceteris hominibus dicti Hundredi; Si vero aliquis hominum Prioris de Broke pro qualicumque causa vel placito in dicto Hundredo inplacitatus fuerit, et in misericordiam inciderit, eam ballivo dicti Hundredi vadiabit, et ipsa misericordia erit Prioris Cantuariæ.

Anno regni regis Henrici filii Johannis xx° mense Aprili.

EXTENTS and CUSTUMALS of the Manors of LYMENES-
FELD (LIMPSFIELD) and BRODEHAM, Co.
Surrey. 5 Edward II.

[Liber Regius de Bello, fol. 67-71.]

Extenta manerii de Lymenesfeld' facta die Martis proxima post
festum Sancti Johannis ante Portam Latinam, anno regni Regis
Edwardi filii Regis Edwardi quinto, coram Johanne de la More
clerico et Johanne de Steneghendenn' Serviente ejusdem manerii
et aliis, per sacramentum Gilberti atte Quarere, Hugonis de
Notefeld', Johannis Clerici, Rogeri de Botleye, Rogeri Daly,
Johannis atte Pette, Paris' Miles, liberorum tenentium; Johannis le
Man, Henrici Brice, Willielmi Leffode, Willielmi de Lynggeleye et
Willielmi atte Cumbe [nativorum], Juratorum; Qui dicunt
Dominus Abbas de Bello et ejusdem loci Conventus tenent
manerium de Lymenesfeld' de dono domini Willielmi quondam
Regis et Conquestoris Angliæ, in liberam puram et perpetuam
elemosinam adeo liberum et quietum sicut illud tenuit, velut ut
Rex dare potuit ; Et dicunt quod sunt in prædicto manerio omnia
subscripta :

Dicunt quod advocatio ecclesiæ pertinet ad manerium, et valet
ecclesia per annum xx li.; Et quod capitale mesuagium cum duobus
gardinis et exitus eorundem cum herbagio et curtilag[iis] valet per
annum x s.; Et quod una grangia apud Skymannye cum clauso
adjacente valet per annum iiij s. iiij d. ; Et quod una grangia apud
Gamclingedenn' cum ejus clauso valet per annum ij s.; Et quod
unum columbarium valet per annum iiij s.; Et duo molendina
aquatica cum cursu aquæ valent per annum xviij quarteria multuræ,
pretium quarterii iij s. iiij d.; Et est summa lx s. et piscaria in
stangnis, vivariis, et aliis aquis valet per annum xiij s. iiij d., si fuerit

instaurata; Et sunt ibidem in bosco qui vocatur la Chert cccc v.
acræ grossi bosci; Et in bosco qui vocatur Echenewode apud Sky-
manneye lxv acræ grossi bosci; Et in bosco qui vocatur Stafherst-
wode vj^{xx} x acræ grossi bosci; Et sunt prædicti bosci omnes communes omnibus tenentibus domini de manerio, tam liberis quam
nativis, per totum annum ad omnia averia sua; Et sunt ibidem apud
Geldenewode in diversis peciis ix acræ grossi bosci, Et v acræ
grossi bosci et subbosci, omnes separales præter tempore glani, quia
tunc sunt communes omnibus tenentibus ad porcos suos tantum;
Et sunt ibidem apud Eldehawe, Horsteghe, Hamonettesland, et
Godwynesland, infra clausum de Otyndenn' xxiij acræ grossi bosci,
Et xij acræ de alneto et subbosco omnes separales eodem modo quo
supra; Et in bosco qui vocatur Eliottesgrave, iij acræ et dimidia
grossi bosci; Et in bosco qui vocatur Innome apud Slykemannye,
xvij acræ dimidia grossi bosci; Et in Clenchesland vj acræ grossi
bosci in diversis peciis; Et in Suthland et Hegheland ij acræ et
dimidia grossi bosci; Et in Hornesland vj acræ grossi bosci in
diversis peciis et haiis; Et in pastura vocata la Hoke ij acræ grossi
bosci, omnes separales eodem modo ut supra; Et valet pannagium
in omnibus supradictis boscis, communibus et separalibus, per annum
xxiij s. iiij d.; Et pastura valet in prædictis boscis separalibus xxvj s.
viij d.; Et sunt ibidem in bosco apud Prinkehamme qui vocatur
Bokeselleswode xlvij acræ grossi bosci, et pannagium et herbagium
valet inde per annum xiiij s.; Et sunt ibidem in boscis qui vocatur
Fulegrofe et Longegrofe xj acræ et j roda grossi et subbosci, omnes
separales; Et in Estoueneye, Middeloueneye, Betlesham. la Hulle,
et Chalvetegh', ix acræ et j roda grossi bosci et subbosci separales;
Et sunt ibidem in quadam grava quæ fuit Galfridi de Lingeleye vj
acræ de subbosco separales; Et valet totus subboscus in omnibus
supradictis boscis, cum alneto, per annum vj s. viij d., Et non plus quia
de residuo oportet includere diversas terras manerii ut respondeant ad
istam extentam; Et etiam quia oportet quod dictus subboscus divi-
datur in xij partibus ad prostrandum, et sic semper xij^{mo} anno potest
prostrari; Et sunt ibidem in grava super la Doune xxxiij acræ de

subbosco debili, quia totum fere spinæ et tribuli, et sic profectus vix
valet inde nunc per annum xij d.; Et si prædicta grava fuerit assarta,
pastura valeret in eadem per annum v s. vj d.;

Et sunt ibidem in campo qui vocatur Estouene xxxviij acræ, Et
in campo qui vocatur Middelouene lxj acræ et dimidia, Et in campo
qui vocatur Westouene lx acræ terræ, Et in campo qui vocatur
Betlesham xiij acræ, Et in campo qui vocatur la Swere vij acræ,
Et in campo la Hulle ix acræ, Et in crofta quæ vocatur Eylfynes-
croft iij acræ, Et in campo qui vocatur Chalfethegh' xj acræ, Et in
campo qui vocatur la Redene xxxiiij acræ terræ, quarum quælibet
acra valet per annum vj d., Et est summa cxviij s. iij d., Et sunt in
campo qui vocatur Passemeresfeld x acræ, quarum quælibet acra
valet per annum v d., Et est summa iiij s. ij d.; Et sunt ibidem in
campo qui vocatur Sandberewe, inter Horslegh' et Goseford', liiij
acræ, Et in campo qui vocatur Schepeland xlvij acræ dimidia,
quarum quælibet acra valet per annum iiij d., Et est summa
xxxiij s. x d.; Et sunt ibidem in campis qui vocantur Horscroftes
lxxviij acræ separales, quarum quælibet acra valet per annum iij d.,
Et est summa xix s. vj d.; Et sunt ibidem in campis qui vocatur
Godeburesland lxxiiij acræ separales, quarum quælibet acra valet
per annum iij d., Et est summa xviij s. vj d.; Et sunt ibidem infra
clausum de Otyndenn' apud Eldhawe Godwynesland et Hamonettesland iiij^{xx} acræ terræ et pasturæ, quarum quælibet acra valet per
annum iiij d., Et est summa xxvj d. viij d.; Et sunt ibidem in una
crofta quæ vocatur Rusesland xiij acræ, quarum quælibet acra valet
per annum vj d., Et in crofta vocata Luncesford' iij acræ, et valet
acra inde v d., Et est summa vij s. ix d.; Et sunt ibidem in una
crofta quæ vocatur Heyeland juxta boscum de Stafhurst x acræ
dimidia terræ, Et in ij croftis quæ vocantur Suthland xiiij acræ
terræ, Et in diversis campis qui vocantur Clenchesland xxxvj acræ
dimidia terræ, Et in diversis campis et croftis quæ vocantur Hornesland infra unum clausum et procinctum cxl acræ terræ et pasturæ,
Et in duabus croftis ibidem juxta boscum qui vocatur Echenewode
xv acræ, quarum quælibet acra valet per annum ij d., Et est summa

xxxvj s.; Et sunt ibidem in campo de Skykemanneye ix acræ, quarum quælibet acra valet per annum ij d., Et est summa xviij d.; Et est ibidem una crofta quæ continet unam dimidiam acram, juxta mesuagium Gilberti atte Frith, et valet per annum viij d.; Et sunt ibidem in campo qui vocatur Chertreden xij acræ, Et in duobus campis qui vocantur Chertland xxvij acræ et dimidia terræ, quarum quælibet acra valet per annum vj d., Et est summa xix s. vj d.; Et sunt ibidem in quadam crofta quæ fuit Galfridi de Lyngeleye xiij acræ dimidia, quarum quælibet acra valet per annum iiij d., Et est summa iiij s. ix d.; Et sunt ibidem in tribus campis quæ vocantur Fifacr' xlvj acræ, Et in campo qui vocantur (sic) Impetoneland xxxvj acræ et iij rodæ, Et in campo qui vocatur Halemannesland xvij acræ dimidia, quarum quælibet acra valet per annum ij d., Et est summa xvj s. viij d. ob. ; Et sunt ibidem in campis qui vocantur Eliottesland et Ballardesland xx acræ, quarum quælibet acra valet per annum iiij d., Et xlv acræ quarum quælibet acra valet per annum ij d., Et est summa xiiij s. ij d.; Et sunt ibidem in campo qui vocatur Lokieresland xxxiiij acræ, Et in campo qui vocatur Estland xxij acræ, quarum quælibet acra valet per annum vj d. Et sunt in eodem campo xlvj acræ et j roda, quarum quælibet acra valet per annum iij d., Et est summa xxxix s. vj d. ob. qᵃ; Et sunt ibidem in la Hoke et Prestesmede xviij acræ, quarum quælibet acra valet per annum iiij d., Et est summa vj s.; Et sunt ibidem in campo qui vocatur Swaleweclive xvj acræ, Et una pecia quæ vocatur Wyndtteland iiij acræ dimidia, quarum quælibet acra valet per annum iij d., Et est summa v s. j d. ob.; Et sunt ibidem supra montem in campo qui vocatur Gregoriesfeld xxx acræ, Et in campo qui vocatur Gregoriesdenn' xvj acræ, Et in campo qui vocatur Wisseleghedene xvj acræ et j roda, Et in una crofta quæ vocatur Lathegh' vij acræ, Et in campo qui vocatur Innome xiij acræ et dimidia, Et sunt ibidem super la Doune ciiij acræ terræ et pasturæ, quarum quælibet acra valet per annum ij d., Et est summa xxxj s. j d. ob.

Et sunt ibidem in prato quod vocatur Alsonesmede in Westouene viij acræ, Et in prato quod vocatur Fulemed iiij acræ, Et in campo

qui vocatur Chalfetegh' j acra prati, Et in campo qui vocatur
Redene ij acræ prati, Et in prato quod vocatur Brokkemede viij
acræ, Et in prato quod vocatur Chertmede viij acræ, Et in prato
apud Slykemanne iiij acræ, Et in prato quod vocatur Musherstesmed
ij acræ, Et in prato [vocato Lamhenerst mede] juxta mesuagium
Johannis atte Mede j acra, Quarum quælibet acra valet per annum
xvj d., Et est summa lj s. viij d.

Boscus communis,	dc acræ,	valet xxvj s. viij d. ut supra.
Boscus separalis,	clviij acræ,	Item xxxiij s. iiij d.
Gravæ,	xxxix acræ, ⎫	valent vj s. viij d.
Alneta,	xxiiij acræ, ⎭	
Spinæ et tribuli super montem,	xxxij acræ,	valet totum xij d.
Acræ terræ,	mccclxvij acræ j roda,	valent xx li. iij s. ix d. qᵃ
Acræ prati,	xxxviij,	valent l s. viij d.
Gardina et clausa et piscaria		valent xxvij s. viij d.
Duo molendina aquatica		valent lx s.
Curia et Lagheday,	·	valent lx s.

DE REDDITU ET CONSUETUDINIBUS SEQUITUR.

LIBERI TENENTES DE LIMENESFELD.

Johannes de Wachesham miles tenet unum mesuagium et xij
acras terræ et debet inde de redditu per annum vj s., Et debet
sectam ad Curiam de Lymenesfeld' de tribus septimanis in tres
septimanas, et heriettum et relevium.

Rogerus le Longe tenet vj acras terræ et xxiiij solidatas redditus
apud Gamelyndenn', qui fuerunt domini Adæ de Chyucuing', et
debet inde de redditu per annum xij s., Et sectam ad Curiam de
Lymenesfeld' de iij septimanis in iij septimanas, Et debet relevium.

Robertus Emery tenet j mesuagium et unam croftam, quæ continet v rodas terræ, Et debet inde de redditu per annum vj d. ob., Et debet relevium et heriettum.

Rogerus de Bottelegh' tenet j mesuagium et dimidiam acram terræ, Et debet inde de redditu per annum vj d. ;

Idem tenet ij acras terræ, quas adquisivit de Roberto Colyn, et debet inde de redditu per annum vj d., et heriettum et relevium et iiij^{or} sectas per annum.

Galfridas Kempe tenet j mesuagium et dimidiam acram terræ Et debet inde de redditu per annum iiij d., et heriettum et relevium.

Ricardus Emery tenet iij rodas terræ super Thenelette et debet inde de redditu per annum iij d., et relevium.

Alicia filia Thomæ Ailwyne tenet j mesuagium et debet inde per annum xvij d., Et debet relevium et heriettum.

Johannes de Wilton tenet j acram et iij rodas terræ, quas adquisivit de Thoma Aylwyne, Et debet inde de redditu per annum v d., Et relevium.

Henricus Coleman tenet j mesuagium et ij acras terræ et debet inde de redditu per annum v d., et debet sectam ad Curiam de Lymenesfeld', heriettum et relevium.

Symon de Excestria tenet j mesuagium et j parvam placeam terræ Et debet inde de redditu per annum xvj d., et heriettum et relevium.

Rogerus Daly tenet unum mesuagium et vij acras terræ et debet inde de redditu per annum xviij d., Et sectam, relevium, et heriettum.

Idem tenet unum cotagium, quod fuit quondam Sutoris, Et debet inde de redditu per annum ij s. ;

Idem tenet unam peciam terræ ad capud croftæ suæ Et debet inde de redditu per annum xij d. ;

Idem tenet unum curtilagium, quod fuit Margeriæ atte Watere, Et debet inde de redditu per annum ij d., et relevium pro omnibus.

Willielmus atte Welle tenet unum mesuagium et iij acras terræ Et debet inde de redditu per annum xx d. ;

Idem tenet ij acras terræ, ex dimissione domini R. de Thrulegh' quondam Senescalli, Et debet inde de redditu per annum ij s.;

Idem tenet unum cotagium, quod fuit Johannis Cosin, Et debet inde de redditu per annum iiij d., quem quidem redditum dominus adquisivit de Johanne Clerico, Et debet heriettum et relevium.

Henricus Maheu tenet unum mesuagium et iiij acras et j rodam terræ Et debet inde de redditu per annum xviij d., et debet relevium et heriettum ;

Idem Henricus tenet unum mesuagium et tertiam partem j acræ terræ et debet inde per annum de redditu xij d., et relevium et heriettum.

Henricus Maheu tenet unum mesuagium et tertiam partem j^{ns} acræ terræ et debet inde de redditu per annum xij d., et relevium et heriettum.

Johannes de Wilton' tenet unum curtilagium quod fuit Rogeri Passemer, et continet unam acram terræ, et debet inde de redditu per annum iij s.

Idem tenet x acras terræ in Westfelde, ad terminum vitæ suæ, Et debet inde de redditu per annum vij s., Et relevium et heriettum.

Willielmus filius dicti Johannis tenet iij rodas terræ, de dono ejusdem Johannis patris sui, Et debet inde de redditu per annum x d., de quibus dominus adquisivit de prædicto Johanne ij d., Et debet relevium.

Philippus atte Slow' [*nota, Joh' de Stevekedenn'*] tenet unum mesuagium et vj acras terræ Et debet inde de redditu per annum iij s. x d., et debet sectam, relevium, et heriettum.

Ricardus le Ros tenet unum mesuagium et dimidiam acram terræ, quæ fuerunt Galfridi le Lusshe, Et debet inde de redditu per annum vj d., et sectam, relevium, et heriettum.

Idem tenet j mesuagium et dimidiam acram terræ quod vocatur Busardesland, Et debet inde de redditu per annum viij d.;

Idem tenet in servitio unum mesuagium et unam acram terræ, quæ fuerunt Baldewyni le Grey, Et debet inde de redditu per annum xviij d., et heriettum et relevium.

Robertus le Hounte tenet unum mesuagium et unam croftam, quæ fuerunt Galfridi le Lusshe, Et debet inde de redditu per annum xij d., et relevium et heriettum.

Matilda quæ fuit filia Rogeri[æ] le Pottere tenet unum cotagium quod fuit Johannis Doning' Et debet inde de redditu per annum xij d., et relevium et heriettum.

Johannes Wyberd tenet unum mesuagium et vij acras terræ et prati Et debet inde de redditu per annum xv d., et debet sectam, relevium et heriettum.

Hugo de Notefeld tenet j mesuagium et j acram terræ, Et [debet] inde de redditu per annum xij d. ;

Idem tenet iij acras terræ et dimidiam, quæ fuerunt Baldewyni le Grey, et debet inde de redditu per annum iij d.;

Idem tenet ij acras terræ, quæ fuerunt Ricardi Peyn, Et debet inde de redditu per annum ix d. qª;

Idem tenet iiij acras terræ, quæ fuerunt Mabiliæ de Lingeleye, Et debet inde de redditu per annum viij d. ;

Idem tenet ij acras terræ, quas adquisivit de Galfrido Cochemund, Et debet inde de redditu per annum iiij d.;

Idem tenet vj acras et dimidiam terræ ex dimissione domini J. de Whatlington' Abbatis, quas prius habuit ex concessione domini R. de Thrulegh', Et debet inde de redditu per annum iiij s. iiij d., Et debet sectam, relevium, et heriettum ;

Idem tenet iiij acras terræ ad terminum vitæ Galfridi Cochemund, Et debet inde de redditu per annum viij d., relevium, et heriettum.

Simon de Stonhamme tenet unum mesuagium et xx acras terræ, quæ fuerunt Eliæ Aron, Et debet inde de redditu per annum vij s. vj d , Et sectam, relevium, et heriettum.

Willielmus Hennehorn tenet j mesuagium et j acram terræ, quæ fuerunt Baldewyni le Grey, et debet inde de redditu per annum j d., et sectam, relevium, et heriettum.

Johannes filius Petri atte Helde tenet unum mesuagium et j acram terræ et debet inde de redditu per annum vj d. ;

Idem tenet ij acras terræ, quæ fuerunt Baldewyni le Grey, et debet inde de redditu per annum ij d. ;

Idem tenet unam croftam quæ vocatur Brusingesfeld', ex concessione domini J. de Whatlington' quondam Abbatis, quam idem Petrus prius habuit ex dimissione domini R. de Thrulegh', Et debet inde de redditu per annum iiij s., et relevium et heriettum, et debet invenire ad duas precarias in autumpno, utroque die unum hominem, et habebit per diem ij repastus pretii ij d., Et sic valet opus de claro iij d.;

Agnes Pottere tenet unum mesuagium et tres rodas terræ, quæ fuerunt Baldewyni le Grey, et debet inde de redditu per annum ob. qª, et relevium et heriettum.

Galfridus le Pottere tenet unum mesuagium et tres acras terræ et debet inde de redditu per annum xij d., Et relevium et heriettum, et debet invenire ad duas precarias in autumpno, utroque die unum hominem, ad iij repastus pretii ij d. et valet opus de claro ij d. ob.

Walterus Stut tenet unum cotagium et debet inde de redditu per annum vj d., relevium, et heriettum.

Johannes filius Johannis Cony [*in manu domini*] tenet unum mesuagium et viij acras terræ et debet inde de redditu per annum iiij s.

Idem tenet unam acram terræ et debet inde de redditu per annum ij d. ;

Idem tenet viij acras terræ, quæ fuerunt Johannis de Musherst, et debet inde de redditu per annum xv d., Et ij d. redditus de dicto tenemento relaxati fuerunt pro quodam excambio terræ ;

Idem tenet unum curtilagium, quod vocatur Parishawe, et debet inde de redditu per annum iij d., et relevium et heriettum.

Gilbertus atte Quarere tenet unum mesuagium et lx acras terræ et prati, bosci et pasturæ, Et debet inde de redditu per annum vij s. ij d., Et sectam, relevium, et heriettum.

Johannes atte Pette tenet unum mesuagium et quinque acras terræ et debet inde de redditu per annum xiiij d., sectam, relevium, et heriettum.

Willielmus Chesman tenet unum mesuagium et unam acram et dimidiam terræ Et debet inde de redditu per annum vj d., sectam, relevium, et heriettum; Et debet invenire ad duas precarias in autumpno, utroque die unum hominem, et [habebit] duos repastus ut supra, Et valet opus de claro iiij d.

Walterus Notefeld et relicta Stut tenent unum mesuagium et duas acras terræ Et debent inde de redditu per annum · xij d., Et debent j par rotarum ad carucam, pretii vj d., Et debent heriettum et relevium.

Gilbertus atte Quarere tenet unum mesuagium et vij acras terræ Et debet inde de redditu per annum ix d., et debet sectam, relevium, et heriettum.

Robertus de Langenherst tenet vj acras terræ de tenemento quondam Johannis de Musherst, Et debet inde de redditu per annum xvj d., quem quidem redditum dominus adquisivit de domino Johanne de Musherst, et debet relevium.

Heres Roberti de Langenherst tenet unum mesuagium et unum molendinum aquaticum et l acras terræ quæ fuerunt Johannis de Musherst, et debet inde de redditu per annum xviij s. vij d., Et debet sectam, relevium, et heriettum.

Johannes atte Welle tenet unum mesuagium et debet inde de redditu per annum j d., et debet heriettum et relevium.

Philippus atte Thegh' tenet unum mesuagium Et debet inde de redditu per annum viij d., sectam, relevium, et heriettum.

Willielmus le Chesman tenet iiij acras terræ, quas adquisivit de Philippo atte Thegh', Et debet inde de redditu per annum xvj d., Et debet relevium et heriettum.

Johannes atte Mede tenet j mesuagium et xx acras terræ Et debet inde de redditu per annum iij s. iiij d., Et sectam, relevium, et heriettum ;

Idem tenet v acras terræ de tenemento quondam Johannis de Musherst Et debet inde de redditu per annum xx d., quem quidem redditum dominus adquisivit de prædicto Johanne de Musherst, Et debet inde relevium.

Johannes Godstokne tenet j mesuagium et iij acras terræ Et debet inde de redditu per annum xvj d., Et debet heriettum et relevium.

Galfridus Tornour de Frenyngeham tenet j mesuagium et j acram et dimidiam terræ, Et debet inde de redditu per annum xiiij d., Et debet sectam, relevium, et heriettum.

Johannes de Cunnpwerth' tenet in servitio ij acras terræ, quas Walterus Rabel de eo tenet in dominico, Et unam acram quam Willielmus frater ejusdem Johannis de eo similiter tenet in dominico, Et debet inde de redditu per annum ij s. vj d., Et debet sectam, relevium, et heriettum.

Walterus Isabel tenet ij acras terræ Et debet inde de redditu per annum x d., Et debet relevium ;

Idem debet per annum de redditu iiij d., pro exitu habendo ante portam suam ad boscum de Stafhurst, et debet relevium.

Hugo Coleman tenet j acram terræ de Croucheland Et debet inde de redditu per annum vj d., et debet relevium.

Johannes Vyel tenet j mesuagium et j acram dimidiam terræ, et debet inde de redditu per annum vj d., Et debet relevium et heriettum.

Ricardus de Whatyndon' tenet j mesuagium et unam parvam croftam, et debet inde de redditu per annum xix d., Et heriettum, et relevium.

Willielmus Patrich debet de redditu per annum iiij d. pro exitu habendo versus boscum de Stafhurst, et debet relevium, et adventum de laghedeyes.

Hugo Coleman tenet unam croftam quæ vocatur Osegodesreden, Et unam croftam in Stafhurst quæ vocatur Parisland, et debet inde de redditu per annum ix s., Et relevium.

Hamo Broun tenet unum mesuagium et vj^{xx} acras terræ, bosci, prati et pasturæ, et j molendinum aquaticum, Et debet inde de redditu per annum xxiij s. viij d., sectam, relevium, et heriettum.

Willielmus filius Johannis de Stafhurst tenet xij acras terræ de tenemento de Wyntersell', Et debet inde de redditu per annum iij s. ij d., Et debet sectam, relevium, et heriettum.

Willielmus de Stafhurst tenet unum mesuagium et vj acras terræ, et debet inde de redditu per annum iij s. ii d., sectam, relevium, et heriettum.

Hugo Coleman tenet j mesuagium et vj acras terræ et debet inde de redditu per annum xix d. ob., sectam, relevium, et heriettum, [*Nota : Inquiratur de obolo per annum.*]

Symon le Heuer' tenet j mesuagium et vij acras terræ, Et debet inde de redditu per annum iij s. vj d., Et sectam, relevium, et heriettum.

Heres Willielmi atte Pette tenet j mesuagium et v acras terræ, Et debet inde de redditu per annum xxij d., et heriettum, et relevium;

Idem tenet iij acras terræ, quæ fuerunt Johannis filii Willielmi Sacerdotis, Et debet inde de redditu per annum xiij d., Et debet relevium et heriettum.

Johannes le Wriȝthe tenet j mesuagium et ij acras terræ, Et debet inde de redditu per annum x d., heriettum, et relevium; Et debet invenire ad duas precarias in autumpno, utroque die unum hominem, ad ij repastus ut supra, Et valet opus de claro ij d. ob.

Johanna, filia Roberti le Carter', tenet j mesuagium et debet inde de redditu per annum ij s., Et sectam, relevium, et heriettum.

Willielmus, filius Roberti de Compwerth', tenet unum cotagium, Et debet inde de redditu per annum x d., heriettum, et relevium.

Memorandum: de viij d. de redditu per annum per iiijᵒʳ terminos solvendis, pro ij acris prati de Willielmo le Meleward et Ricardi fratris sui, qui quidem redditus non inseritur in isto quaterno.

Et sciendum est quod unusquisque supradictorum liberorum tenentium, tam majorum quam minorum, qui carucam habet integram vel aliquam partem carucæ, venire debet cum caruca sua vel cum ejus parte, si integram carucam non habeat, ad unam precariam carucarum in yeme, et ad unam precariam carucarum ad semen in Quadragesima; Et unusquisque qui carucam habet arare debet unam acram ad utramque precariam, Et qui minus habet quam carucam integram arabit secundum quod habuerit animalia in caruca juncta, Et qui nulla habuerit animalia juncta nichil arabit; et uterque tentor carucæ, et fugator cujuslibet carucæ, habebunt cibum semel in die, pretium cibi cujuslibet carucarii per se j d. ob.; Et valet arura cuilibet acræ vj d.; Et quia plures prædictorum tenentium sunt adeo parvæ tenuræ et impotentes quod neque carucas integras nec earum aliquam partem [possunt] habere, æstimatur dicta arrura per annum ad x acras, pretium acræ ut supra, Et sic valet prædicta arrura ij s. vj d. de claro; Et debet unusquisque herciare terram quam araverit, et valet herciatio unius acræ de claro ob., Et est summa v d.

Et unusquisque vero supradictorum tenentium qui porcum seu Pannagium. porcos habuerint (*sic*) dabunt pannagium quolibet anno, videlicet pro porco plenæ ætatis ij d., Et pro porcello plus vel minus secundum quod fuerit majoris ætatis vel minoris; Et extenditur dictum pannagium supra in exitibus et profectibus boscorum.

x li. iiij s. iij d.

LIBERI TENENTES DE PRYNKEHAMME.

Reginaldus de Cobeham miles tenet unum mesuagium et c acras terræ, Et debet inde de redditu per annum xxj s. j d., Et sectam ad Curiam de Lymenesfeld' ut supra, Et heriettum et relevium.

Stephanus filius Johannis Crispe tenet unum mesuagium et xxx acras terræ, Et debet inde de redditu per annum x s., Et debet sectam, relevium, et heriettum.

Philippus et Walterus filii Willielmi atte More tenent j mesuagium et xl acras, Et debent inde de redditu per annum x s. vj d., Et sectam, relevium, et heriettum.

Heres Gilberti le Crispe tenet j mesuagium et xxx acras terræ, Et debet inde de redditu per annum vj s. viij d., Et sectam, relevium, et heriettum.

Johannes de Purile tenet in servitio unum mesuagium et xl acras terræ, quæ fuerunt Willielmi de Prinkehamme, Et debet inde de redditu per annum xx s., Et sectam, relevium, et heriettum.

Willielmus atte Longebregge tenet j mesuagium et xxx acras terræ et debet inde de redditu per annum x s., et sectam, heriettum, et relevium.

Walterus atte Broke tenet j mesuagium et viij acras terræ et debet inde de redditu per annum xviij d., et heriettum et relevium.

Edmundus de Farshetteslegh' tenet j mesuagium et xl acras terræ Et debet inde de redditu per annum vj d., Et heriettum et relevium.

Willielmus de Lullingdenn' tenet j mesuagium et lx acras terræ Et debet inde de redditu per annum iiij ferros equorum, pretii vj d.; Et debet relevium, Et de herietto nihil sciunt, ideo inquiratur.

Daniel atte Longebregg tenet medietatem unius rodæ terræ Et debet inde de redditu per annum iij d., et relevium.

NATIVI.

Johannes le Man tenet unum mesuagium et vij acras terræ, Et debet inde de redditu per annum ij s.;

Et debet invenire unum hominem et j equum per unum diem ad herciandum, ad semen Quadragesimale quod vocatur Tyndesawe, et habebit herciator semel cibum in die pro se et equo suo, pretii j d. ob., Et sic valet opus de claro j d.;

Et debet invenire unum hominem in fimario domini circa fima extraenda ad curtanas implendas, semper secundo die donec plenius extracta fuerint, Et sic inveniet unum hominem communiter circa idem per x dies, Et valet opus v d.;

Et debet invenire unum hominem ad spargendum fenum in prato domini per j diem, qui habebit cibum bis in die, pretii j d. ob., Et sic valet opus de claro ob.;

Et debet invenire unum hominem per unum diem ad fenum in

pratis domini levandum, qui habebit potum semel, Et valet opus ob. ;

Et debet invenire unum hominem per ij dies ad sarclandum bladum domini, qui habebit utroque die unum repastum per diem, ·pretii j d., Et sic valet opus de claro per j diem ob., Et est summa j d. ;

Et debet invenire unum hominem ad tassum feni faciendum, dum tassatæ fuerint v carectatæ feni, Et valet opus q^n;

Et debet invenire ad iiij precarias in autumpno quolibet die j hominem, ad duos repastus per diem j d. ob., Et valet opus iiij d. ob. de claro ;

Et debet triturare ij bussellos avenæ in quolibet adventu domini Abbatis, quotiens venerit de Abbathia de Bello, Et valet opus per æstimationem j d. ;

Nec potest filiam suam maritare, nec facere filium suum coronari, sine licentia, nec meremium prostrare sine visu et licentia Servientis, Et hoc ad ædificandum et non aliter.

Summa consuetudinum et operum xiij d. ob. q^a.

Willielmus atte Wattere tenet j mesuagium et v acras terræ Et debet inde de redditu per annum xij d., Et residuum redditus quem solebat reddere, videlicet x d., relaxantur eidem eo quod viij acræ de terra quam tenuit sunt in manu domini ;

Et debet omnes consuetudines et opera sicut Johannes le Man ;

Summa consuetudinum et operum per annum xiij d. ob. q^a.

Petrus atte Wattere tenet j cotagium, quod Golda tenuit de tenemento prædicti Willielmi, et debet inde de redditu per annum xvj d. ;

Willielmus atte Cumbe tenet j mesuagium et xviij acras terræ Et debet inde de redditu per annum xij d. ;

Et debet omnes consuetudines et opera sicut Johannes le Man ;

Summa consuetudinum et operum xiij d. ob. q^n.

Radulphus le Pottere tenet unum mesuagium et xviij acras terræ Et debet inde de redditu per annum xx d. ;

Et debet omnes consuetudines et opera sicut Johannes le Man ;
   Summa consuetudinum et operum xiij d. ob. qᵃ.
Henricus de Fonte tenet j mesuagium et xv acras terræ Et debet
inde de redditu per annum xxij d.;
Et debet omnes consuetudines et opera sicut Johannes le Man;'
   Summa consuetudinum et operum xiij d. ob. qᵃ.
Thomas Waryn tenet j mesuagium et vij acras terræ, Et debet
inde de redditu per annum xij d.;
Et debet omnes consuetudines et opera sicut Johannes le Man;
   Summa consuetudinum et operum xiij d. ob. qᵃ.
Henricus Brice tenet unum mesuagium et vij acras terræ, Et
debet inde de redditu per annum xiiij d.;
Et debet omnes consuetudines et opera sicut Johannes le Man;
   Summa consuetudinum et operum xiij d. ob. qᵃ.
Gervasius Testalyn tenet unum mesuagium et vij acras terræ, Et
debet inde de redditu per annum xij d. ;
Et debet omnes consuetudines et opera sicut Johannes le Man;
   Summa consuetudinum et operum xiij d. ob. qᵃ.
Willielmus filius Gilberti Testalyn tenet j mesuagium et vj acras
terræ, Et debet inde de redditu per annum xx d.;
Et debet omnes consuetudines et opera sicut Johannes le Man ;
   Summa consuetudinem et operum xiij d. ob. qᵃ.
Ricardus Cole tenet j mesuagium et xvj acras terræ, Et debet
inde de redditu per annum xvj d.,
Et debet omnes consuetudines et opera sicut Johannes le Man ;
   Summa consuetudinum et operum xiij d. ob. qᵃ.
Willielmus Bellamy tenet unum mesuagium et ij acras et j rodam
terræ, Et debet inde de redditu per annum x d ,
Et debet omnes consuetudines et opera sicut Johannes le Man ;
   Summa consuetudinum et operum xiij d. ob. qᵃ.
Willielmus Bellard tenet j mesuagium et x acras terræ, Et debet
inde de redditu per annum xij d.;
Et medietatem omnium consuetudinum et operum sicut Johannes
le Man; Et alia medietas redditus et consuetudinum et operum

quæ facere solebat, relaxata sibi fuerunt (*sic*), eo quod dominus habet in manu sua xvj acras terræ de tenemento quod tenuit;

Summa consuetudinum et operum vj d. ob. qᵃ.

Henricus Brice tenet unum mesuagium et xxx acras terræ et debet inde de redditu per annum vj s. viij d. ;

Et debet x ova, pretii ob. ;

Et debet omnes consuetudines et opera sicut Johannes le Man, præter quod ad fima extrahenda ;

Idem tenet unam viam apud le Chert Et debet inde de redditu per annum ij d. ;

Willielmus le Fode tenet unum mesuagium et xx acras terræ Et debet inde de redditu per annum ij s. v d.,

Et debet omnes consuetudines et opera sicut Johannes le Man, præter quod non sparget fenum in prato domini; sed debet j d. qᵃ pro falcatione prati; Et præter quod ad fima extrahenda debet invenire animalia ad medietatem unius carri, ad fima extrahenda per unum diem de fimario domini, et valet opus ij d. ;

Summa consuetudinum et operum x d. qᵃ.

Willielmus de Lyngglegh' tenet j mesuagium et xl acras terræ Et debet inde de redditu per annum ix d.,

Et debet j gallinam pretii ij d., Et x ova pretii ob. ;

Et debet facere v averagia cum j homine et j equo, de Lymenesfeld' usque ad Bellum, Et valet opus xx d. ;

Et debet pro cariagio bosci, quod vocatur Rostwode, vj d. ;

Et debet pro falcatione prati ij d. ob. ;

Et debet levare fenum, sarclare bladum domini, et triturare ij bussellos avenæ in quolibet adventu domini Abbatis, eodem modo sicut Johannes le Man;

Et debet invenire ad duas precarias in autumpno, utroque die unum hominem ad duos repastus ut supra, Et valet opus ut supra ;

Et debet invenire medietatem unius carri in fimario domini ad fima extrahenda, quolibet die donec plenius extrahantur, quod est communiter per xx dies, et valet opus illud per unum diem ij d.

Et non plus, quia dominus inveniet pasturam animalibus dum fecerint opus, Et est summa pretii dicti operis xl d.;

     Summa consuetudinum et operum vj s. iiij d. ob.

Johannes de Lingelegh' tenet j mesuagium et vj acras terræ Et debet inde de redditu per annum xviij d.;

Et herciare ad Tyndsawe in Quadragesima per j diem, sicut Johannes le Man, Et valet opus j d. ut supra;

Et debet invenire unum hominem ad unam precariam in autumpno, ad duos repastus ut supra, Et valet opus j d. ob.;

     Summa consuetudinum et operum ij d. ob.

Hugo atte Hale tenet j mesuagium et iiij acras terræ et j moram quæ continet j acram, ad terminum vitæ suæ et uxoris suæ, Et debet inde de redditu per annum ij s.; Et quia xv acræ de tenemento quod tenuit sunt in manu domini, et dominus habebit reversionem dicti mesuagii terræ et moræ quæ nunc tenet post decessum ejus et uxoris suæ, extinguntur (*sic*) de redditu quem solebat reddere per annum xiiij d.;

Et relaxantur et extinguntur omnes consuetudines et opera quas et quæ facere solebat de dicto tenemento, videlicet bis tantum, sicut facit Johannes le Man;

Thomas atte Lak' tenet j mesuagium et iij acras terræ Et debet inde de redditu per annum xij d., Et relaxantur de redditu suo iiij d., Et omnes consuetudines et opera quas et quæ facere solebat, videlicet eodem modo sicut Johannes le Man, eo quod xv acræ de tenemento quod tenuit sunt in manu domini;

Walterus atte More tenet j mesuagium et xx acras terræ, Et debet inde de redditu per annum ij s. iiij d.;

Et debet j gallinam, pretii ij d.

Et debet herciare ad Tyndsalwe in Quadragesima, sicut Johannes le Man, et valet opus j d.;

     Summa consuetudinum et operum iij d.

Omnes supradicti nativi, videlicet quilibet eorum qui carucam habet integram vel aliquam partem carucæ, debet arare et herciare ad duas precarias carucarum eodem modo sicut et supradicti liberi tenentes; Et debent insuper quærere semen ad granarium domini, et terram quam arraverint debent inde seminare ; Et possunt arare ad duas precarias iiij acras communiter, Et valet arrura et herciatio unius acræ ut supra, Et sic valet tota illa arruræ et herciatio de claro per annum ij s. iiij d., Et non plus quia tentores et fugatores carucarum habebunt j repastum ut prædicti liberi tenentes.

NATIVI DE PRINKEHAMME.

Galfridus de Molendino tenet j mesuagium et xl acras terræ, Et debet inde de redditu per annum xviij d. ;

Et j gallinam, pretii ij d., Et x ova, pretii ob. ;

Et debet, pro arrura et herciatione ij acrarum terræ ad semen yemale, xx d. ;

Et pro messione ij acrarum bladi, xx d. ;

Et debet, pro trituratione xxj summarum frumenti vel ordei vel avenæ, vij s. ;

Nec potest filiam suam maritare, nec facere filium suum coronari, sine licentia domini; nec meremium prostrare sine licentia et visu Ballivi, et hoc ad adificandum et non aliter ;

Summa consuetudinum et operum x s. vj d. ob.

Lucas de Molendino tenet j mesuagium et xl acras terræ Et debet inde per annum iij s. vj d. ;

Et debet j gallinam, pretii ij d. ob., Et x ova pretii ob. ;

Et debet, pro arrura et herciatione j acræ terræ, x d. ;

Et pro trituratione x summarum dimidiæ bladi, iij s. vj d. ;

Summa consuetudinum et operum v s. iiij d.

Willielmus Paris tenet unum mesuagium et xl acras terræ, Et debet inde de redditu per annum iiij s. ;

Et ij gallinas, pretii iiij d., Et xx ova, pretii j d. ;

Et debet xxij averagia usque Bellum vel London', pretii vij s. iiij d. ;

Et debet, pro cariagio ij carectatarum bosci quod vocatur Rost-wode, xij d. ;

Et debet invenire unum equum et ij boves, qui medietatem unius curri faciunt ad fima de fimario domini extrahenda quousque plenius extraantur, quod est communiter per xx dies, Et valet opus per diem ij d. et non plus, quia dominus inveniet pastura ad animalia dummodo fecerint opus, Et est summa iij s. iiij d. ;

Summa pretii operum et consuetudinum xij s. j d.

Johannes filius Roberti de Bukesell' tenet j mesuagium et viij acras terræ, Et debet inde de redditu per annum iiij s. pro omnibus.

Omnes supradicti nativi, tam illi de Lymenesfeld' quam illi de Prinkehamme, debent dare pannagium pro porcis suis eodem modo sicut supradicti liberi tenentes.

Et sciendum quod omnes et singuli supradicti liberi tenentes qui herietem dare debent, Et etiam omnes et singuli nativi supradicti, dabunt pro herieto cum acciderit, videlicet unusquisque eorum melius animal quod habuerit ; Et si nullum animal habuerit dabitur pro herieto tantum sicut datur de redditu de tenementis suis per annum.

Et similiter omnes liberi tenentes dabunt pro relevio, cum acciderit, tantum sicut datur de redditu per annum.

Nativi vero, cum decederint, illi qui post eos per propinquitatem et kundam clamaverunt, facient finem pro ingressu a[d] voluntatem domini.

Vidua autem, post mortem nativorum, remanebit in medietate tenementi quod vir suus tenuit ad totam vitam suam, nec se maritare potest sine licentia domini.

Et sciendum quod unusquisque tenentium prædictorum, tam liberorum quam nativorum, quotiens-cunque braciaverit ad vendendum, mittet ad manerium domini ij galones melioris cervisiæ quod vocatur Tolcestr', Et pro quolibet Tolcestro dabitur portanti j panis, pretii ob. ; Et sic valent Tolcestr' per æstimationem per annum iij s.

Dicunt etiam supradicti jurati quod fines, amerciamenta, et per-quisita Curiarum de Laghedays, cum releviis et heriettis, valent per annum lx s.; Et dicunt quod dominus habet in dicto manerio Lagheday, cum omnibus libertatibus et consuetudinibus ad Laghe-deye spectantibus.

Redditus de tenementis dimissis ad voluntatem domini.

Johannes le Man tenet unam peciam terræ quæ vocatur Hali-deyes, Et ij acras terræ super la Forlong, et debet inde de redditu per annum ij s. pro omnibus.

Henricus Brice tenet unum curtilagium, quod fuit Elyæ de la Chert, Et debet inde de redditu per annum xij d. pro omnibus.

Johannes Bercarius tenet unam peciam terræ quæ vocatur Cher-thawe, Et debet inde de redditu per annum ij s. pro omnibus.

Henricus Brice tenet unam peciam terræ quæ vocatur Reye-croft, Et debet inde de redditu per annum ij s. pro omnibus.

Johannes atte Pette tenet unam peciam terræ quæ vocatur Giffreyshull', Et debet inde de redditu per annum viij d. pro omnibus.

Nicholaus Ede tenet unam peciam terræ quæ vocatur Prestesland, Et debet inde de redditu per annum iiij s.

Gilbertus atte Quarere tenet j peciam terræ quæ vocatur Prestes-croft, Et debet inde de redditu per annum xij d.

Galfridus Dany tenet unam croftam quæ vocatur Colieresland, Et debet inde de redditu per annum xvj d. pro omnibus.

Ricardus le Baker' [*in manu domini*] tenet unam croftam quæ vocatur Calipreshawe, Et debet inde de redditu per annum ij s. pro omnibus.

Hugo Coleman tenet tres acras terræ de Pyneslond, Et debet inde de redditu per annum xv d. pro omnibus.

Petrus le Felde tenet unam peciam terræ quæ vocatur Woderede, Et debet inde de redditu per annum xij d. pro omnibus.

Michaelis le Tornour tenet j peciam terræ quæ vocatur Crouches-lond, Et debet inde de redditu per annum viij d.

Willielmus de Codestone tenet xv acras terræ, in diversis peciis super la Doune, et debet inde de redditu per annum iij s.

Rogerus de Bottele tenet vij acras terræ et dimidiam quæ vocantur Innome, Et j acram terræ quæ vocatur Stubet, Et unam acram terræ quæ vocatur Gonnore Acre super la Doune, Et debet inde de redditu per annum iij s. iiij d. pro omnibus.

Petrus Cartere tenet j peciam terræ quæ fuit Radulphi Wolbard, Et debet inde de redditu per annum xviij d. pro omnibus.

Johannes atte Foyle tenet ij pecias terræ quæ vocantur Pollardeslond et Clerkeshagh', et debet inde de redditu per annum ij s. pro omnibus.

Rector ecclesiæ de Lymenesfeld' tenet unam croftam quæ vocatur Smithescroft, et debet inde de redditu per annum vj s. viij d. pro omnibus.

Elyas atte Slou tenet iij acras et iij rodas terræ bi Estonne, Et debet inde de redditu per annum iiij s. pro omnibus.

Henricus Maheu tenet j acram terræ quæ vocatur Plomacre, Et debet inde de redditu per annum xij d. pro omnibus.

Henricus Maheu tenet j acram terræ quæ vocatur Goceland, et j acram apud Hennehorne, et j peciam terræ apud Harehull', et j peciam terræ apud la Lak, et j angulum apud Brueram, Et debet inde de redditu per annum xxij d. pro omnibus.

Johannes le Gardiner tenet unam croftam quæ vocatur Parisesreden, Et unam croftam quæ fuit Plesanciæ de Paris, Et debet inde de redditu per annum iiij s. x d.

Alexander de Upton' tenet unum cotagium, Et debet inde de redditu per annum viij d.

Johannes Hermite tenet unum cotagium, Et debet inde de redditu per annum xxij d.

Robertus atte Coumbe tenet unum cotagium, Et [debet] inde de redditu per annum xxij d.

Heres Thomæ Hermite tenet unum cotagium, Et debet inde de redditu per annum xxij d.

Nicholaus Burney tenet j dimidiam acram terræ quæ fuit

Willielmi H[er]eman, et debet inde de redditu per annum xij d. pro omnibus.

Parisius Miles [*in manu domini*] tenet j dimidiam acram terræ quæ vocatur Heyelondeshagh', ad terminum vitæ suæ, et debet inde de redditu per annum vj d.

Johannes Spadiere tenet j cotagium, de anno in annum, Et debet inde de redditu per annum xx d.

Johannes atte Mede tenet j acram prati, Et debet inde de redditu per annum ij s.

Summa lx s. xj d.

> Summa totius redditus xviij li. xv s. ij d., De quibus resolvi debent Rogero le Long' vj s. viij d. pro tenementis in manu domini existentibus, Et sic est redditus de claro xviij li. viij s. vj d.

EXTENTA MANERII DE BRODEHAMME, FACTA PER SUPRADICTOS JURATORES, DIE ET ANNO SUPRADICTIS, QUI DICUNT QUOD SUNT IBIDEM OMNIA INFRASCRIPTA :

Dicunt quod capitale mesuagium cum ejus clauso adjacente valet per annum iij s. iiij d. ; Et quod unum molendinum aquaticum cum cursu aquæ valet per annum ix quarteria multuræ, pretium quarterii iij s. iiij d.; Et est summa xxx s.

Et sunt ibidem in bosco de Brodehamme xvj acræ grossi bosci, Et in la Thegh' vj acræ grossi bosci, Et in Aldithegrove iiij acræ et j roda grossi bosci, Et apud Harehull' et Bromfeld iij acræ grossi bosci, Et in campo vocato Threleland j acra grossi bosci, Et in campo vocato Ylegh' j acra grossi bosci, Et valent pannagium et herbagium in eisdem per annum vj s. viij d. ;

Et sunt ibidem, in una crofta quæ vocatur Benhawe juxta molendinum, ij acræ terræ et j roda, Et in campo qui vocatur Melleloud viij acræ et iij rodæ, Et in campo qui vocatur Mellefeld ix acræ et j roda, Et in campo vocato Mellehull' x acræ et j roda, Et in campo vocato Throland xxiij acræ, Et in campo vocato Mellereden xviij acræ, Et in crofta vocata Alditheland v acræ, Et in campo vocato Ilegh' xj acræ, Et in campo vocato Farndene vij acræ et dimidia, Et in campo qui vocatur Heyecroft viij acræ et dimidia, Et in campo qui vocatur Redehamme xvj acræ, Et in duobus campis qui vocantur Werthe xxxiij acræ et iij rodæ, quarum quælibet acra valet per annum vij d., Et est summa iiij li. ix s. ob. q^a;

Et sunt ibidem, in campis vocatis Harehelle et Bromfeld', lvij acræ et dimidia terræ et bruer[iæ], quarum qualibet acra valet per annum iiij d., Et est summa xix s. ij d.

Et sunt ibidem, in prato quod vocatur Pihtlakesmede, ij acræ dimidia prati, Et in prato quod vocatur Longemede v acræ, Et in alio prato versus Est v acræ et dimidia, et j roda, Et in prato de Reden iij acræ, Et in pratis quæ vocantur Parkmede et Maghtilde-mede iiij acræ et dimidia, quarum quælibet acra valet per annum ij s. vj d., Et est summa lij s. x d. ob. ;

       Summa acrarum bosci, xxxj et j roda ;

       Summa acrarum terræ et pasturæ cum brueria, ccxvij acræ et iij rodæ;

       Summa acrarum prati, xx et iij rodæ ;

       Summa totius extentæ supradictæ, x li. iij s. xj d.

Liberi tenentes.

Johannes atte Stokene tenet in dominico xx acræ, Et tenet in servitio unum mesuagium quod Walterus le Tornour tenet de eo, Et debet inde de redditu per annum vj s. viij d., Et debet sectam ad curiam de Brodehamme de iij septimanis in iij septimanas;

Idem tenet ut supra ij acras terræ de tenemeto Henrici atte Melle, Et debet inde de redditu per annum vj d., oneratur infra in redditu Henrici atte Welle, Et debet relevium et heriettum.

Heres Henrici atte Melle tenet j mesuagium et xx acras terræ, Et debet inde de redditu per annum vj s., sectam, relevium, et heriettum.

Johannes atte Melle tenet j mesuagium et xxx acras, et debet inde de redditu per annum xij d., et sectam, relevium, et heriettum, unde debet W. frater ejus iiij d.

Ricardus de Crouherst tenet unum mesuagium et iij acras terræ, Et debet inde de redditu per annum ij s., et sectam, relevium, et heriettum.

Johannes Golfo tenet j mesuagium et iij acras terræ, Et debet inde de redditu per annum ij s., et sectam, heriettum, et relevium.

Alicia relicta Pistoris tenet j mesuagium et unam croftam, Et debet inde de redditu per annum ix d., et sectam, relevium, et heriettum.

Willielmus de Crauherst tenet unum mesuagium et unam croftam, Et debet inde de redditu per annum viij d., et sectam, relevium, et heriettum.

Idem tenet j anglum de Alditheland, Et debet inde de redditu per annum j d., Et ij gallinas pretii iiij d.

Johannes Lambard tenet unum cotagium et j acram terræ, Et debet inde de redditu per annum viij d., et sectam, relevium, et heriettum.

NATIVI.

Willielmus atte Brodehamme tenet j mesuagium et iiij acras terræ et dimidiam acram prati, Et debet inde de redditu per annum xv d., Et sectam, relevium, et heriettum; Et debet j gallum et v gallinas pretii xj d. ob.

Elyas atte Brodehamme tenet j mesuagium et iij acras terræ, Et debet inde de redditu per annum xiiij d., et sectam, relevium, et heriettum; Et debet iiij gallinas pretii viij d.

Robertus Russel tenet unum mesuagium et ij acras terræ, Et debet inde de redditu per annum xvj d., Et sectam, relevium, et heriettum; Et ij gallinas pretii iiij d.; Johannes Moraunt reddit gallinas.

Nicholaus Croufte tenet j mesuagium et ij acras terræ, Et

debet inde de redditu per annum xij d., et sectam, relevium, et heriettum.

Prior de Tanregg' tenet iiij acras terræ, Et debet de redditu per annum xij d. pro omnibus.

Philippus Rucke tenet unam parvam placeam terræ, Et debet inde de redditu per annum j d. pro omnibus.

Cristina, quæ fuit uxor Willielmi de Lynchulle, tenet j mesuagium quod vocatur Mellelondeshawe, Et debet inde de redditu per annum ij s, relevium, et heriettum.

Johannes Galian tenet unum cotagium de tenemento Clencher, Et debet inde de redditu per annum viij d, et debet relevium.

Johannes le Tornour debet vj d. ad quodlibet terminum.

Summa reddituum xlv s. xj d.
Summa pretii gallinarum ij s. iij d. ob

De omnibus supradictis tenentibus qui heriettum dare debent, dabit unusquisque pro herietto, quando acciderit, melius animal quod habuerit; Et si nullum animal habuerit tunc dabit pro herietto tantum sicut datur de redditu de tenementis suis per annum ; Et pro relevio dabitur tantum sicut datur de redditu de tenementis per annum.

REDDITUS DE TENEMENTIS DIMISSIS A[D] VOLUNTATEM DOMINI.

Johannes Golfo tenet iij acras terræ ad voluntatem domini, Et debet inde de redditu per annum xvj d.

Ricardus Faber tenet x acras terræ eodem modo, Et debet inde de redditu per annum vj s. viij d., et sectam.

Michaelis le Tornour tenet j mesuagium et iij acras terræ, Et debet inde de redditu per annum ij s. et sectam.

Elyas atte Brodehamme tenet j placeam terræ ante portam manerii, et debet inde de redditu per annum viij d.

Henricus Mayheu tenet unum cotagium, et debet inde de redditu per annum ij s. pro omnibus.

Summa xx s. viij d.   Summa totius redditus.

Dicunt etiam quod perquisita curiæ, cum heriettis et releviis, valent per annum iij s. iiij d.

Summa totius redditus per annum lxiij s. ij d.;
De quibus resolvuntur domino de Ocstede lj s;
Item resolvuntur Priori de Tonebregg' per annum xiiij s. viij d.; Et sic [*left blank*].

GLOSSARY.

Ambra, a dry measure containing four bushels.

Arura, the service of ploughing.

Assewiatus, dried up or drained. (*Fr.* Asseicher.)

Averaginm, service in carrying (from *Averia*, beasts of burden).

Averare, or Averagiare, to perform carrying service.

Averia, *plur.*, beasts of burden.

Baculus, a staff of office ; also, metaphorically, the office itself; " baculus debet currere a festo Sancti Michaelis usque ad Nativitatem " (p. 126).

Bedripes, services performed at the harvest or Autumnal Precariæ, so called because the tenants were then *bidden* to *reap*. (*Saxon*, biddan-ripan.) These services were also occasionally termed " Nedbedripes," or *Need*-bedripes, the fourth precaria, when a fourth was required, being frequently styled " Hunger-bedrip," probably because on that occasion food was always furnished to the tenant by the lord of the manor, which was not an invariable rule at the other precariæ.

Benerthe, a day's service in ploughing.

Bercator, a shepherd, or keeper of the sheep-walk.

Bericorn, barley.

Brasiare, to brew.

Brasium, malt.

Brocus, a thicket, or covert of brushwood.

Bruera, heath.

Campestres, level ground or flats ; " Terra susana et campestres " (p. 18).

Carriata, a cart-load.

Caruca, a plough-team.

Carucarius, a ploughman.

Cervisia, ale.

Cherset, Church-scot or Church-shot. A customary payment made by the tenants of the manor at Easter, sometimes in money and sometimes in hens. Originally it appears to have been a measure of wheat given by every man on St. Martin's Day to Holy Church as first-fruits.

Cheveruns, rafters (*Fr.* Chevron), (p. 29).

Clata, a hurdle.

Claustura, brushwood for hedges or fences; " debent prosternere et cariare clausturam ad tres curias " (p. 34).

Clausum, a close.

Companagium, anything eaten with bread.

Coppare, to cock hay, or set it out in cocks.

Coronari, to be made a priest or clerk by receiving the "corona clericalis" or tonsure.

Corrigia, a band or cord.

Cotsetlus, a cottage, or cottage tenement.

Curtana, a cart or waggon.

Cyrotecæ, gloves.

Denna, a dene or wooded hollow; also a coppice.

Deywyne, a day's work (p. 74).

Dignarium, a dinner.
Dragetum, buckwheat.

Faber, a smith.
Falcare, to mow.
Ferculum, a dish or mess of meat.
Fimum, dung or manure.
Fossatum, a ditch.
Foxalpeni, a customary payment in the manor of Wye of a halfpenny, due on the Feast of St Thomas the Apostle (p. 125).
Fraxinus, an ash-tree.
Fugator, a driver or teamster.

Gavelmed, meadow-land assigned to the tenants during a certain portion of the year as pasture (p. 51). ·
Gavelmerke, a hedge or fence so called, which probably separated the tenants' lands, or those which paid rent or gafol, from the demesne (p. 6).
Glanis, or Glandis, mast, *i.e.* the fruit of the oak, beech, chestnut, &c., on which swine were fed.
Grasacra, a *graze-acre* or service in ploughing.
Graserthe, or Graserxe, a ploughing service, or literally " graze-earth."
Grava, a grove.
Gula Augusti, the 1st of August, or Lammas Day.

Haia, a hedge or fence; also an en-closure surrounded by a hedge.
Hercia, a harrow.
Herciare, to harrow.
Hersura, the service of harrowing.
Herthyeld, hearth-penny.
Hlosa, a sheep-cote (p. 29).
Hockday, the Tuesday within the quinzaine of Easter, kept as a holiday in commemoration of the slaughter of the Danes in England. A term at which rent was generally payable.
Horsgabulum, horse-gafol, or pay-ment in lieu of carrying service.
Hungerbedrip, *see* " Bedripes."
Husbotare, to pay husbote.

Husbote, the right of taking from the lord's wood the necessary timber for the repair or support of a house; also the sum paid for that privilege.

Inparcare, to impound (p. 51).

Jantaculum, breakfast.
Jugum, a yoke of land, equivalent to a hide.
Jumentum, a mare.

Kydellus, a kiddle or fishing-net, such as is now called a kettle-net and frequently used on the coasts of Kent and Wales.

Lesselver, a payment made to the lord of the manor at the Feast of St. John the Baptist, of a penny for every animal of the age of two years and upwards (p. 60).
Lynea, a line or row; "lyneas fimi," rows of manure (p. 55).

Mege, " Maige," the French for whey.
Mellena, Mellenarium, a thousand.
Meremium, timber.
Merlengæ, whitings. (*Fr.* Merlan.)
Messio, reaping.
Messor, a reaper.
Metere, to reap.
Mulo a heap; "mulonem feni," a hay-stack.
Multo, a wether.
Multura, multure, the toll taken by a miller for grinding corn.

Nedacra, a ploughing 'service so called, or " Need-acre."
Nedhedripes, *see* " Bedripes."

Opus fossorium, ditching work.

Pacare, to pay or discharge.
Pannagiare, to give or pay pannage.
Pannagium, pannage, the feeding of swine on the mast in the lord's woods ; also the money paid for that privilege.
Patriota, a native.
Porcarius, a swineherd.
Præbenda, provender.

Præpositus, a reeve; also a foreman of husbandmen.

Precariæ, services rendered "ad precem," or at the *bidding* of the lord of the manor.

Preces, sometimes used for "Precariæ."

Profectus, profit.

Pullus, a foal or colt.

Purcellus ablactatus, a young pig which has been weaned.

Romescot, Peter's Pence (*Saxon,* "Rome-feoh").

Serum, whey.

Spargere, to spread hay.

Sparsio, the spreading of hay.

Stica, a "stike" of eels, consisting of 25 in number.

Stipula, straw or stubble.

Sulcus, a furrow or furlong (furrow-long); "debet arare uuam acram et dimidiam et quindecim *sulcos*" (p. 33).

Summa, a "seam," or load of grain consisting of eight bushels.

Tassare, to heap or pile up; "tassum," a mow or heap.

Terra brocalis, land overgrown with brushwood (brocus, a thicket) and probably also marshy land; "Et predicta terra brocales *si fuerint competenter asseviatæ*, (if they were sufficiently drained), valebit qualibet acra per annum x d." (p. 18).

Terra fricta, pasture land broken up for cultivation.

Terra maritima, land near the sea, or salt-marshes.

Terra susana, unsound or worn out land. "Susanné" is stated by Cotgrave to be equivalent to "Suranné," meaning stale or over-worn with years.

Thelyn, a bundle of straw, (p. 87).

Tolcester, a toll paid for licence to brew and sell ale.

Torfeld, *see* "Turfeld."

Torrare, to break clods; "glebas frangere" (p. 28).

Tribulus, a kind of thorn; "spinæ et tribuli" (p. 139), thorns and brambles.

Triturare, to thrash.

Turfeld, turf-yield, a payment for liberty to cut turf.

Tyndsawe, the "semen Quadragesimale" or Lenten sowing (p. 150).

Ventilare, to winnow.

Virgata, a virgate or yard-land; also a rod (p. 6) and a rood (p. 123).

Vomer, a ploughshare.

Warectare, to plough for lying fallow.

Wendus, a division of land in the manor of Wye, consisting of 10 juga or yoke-lands.

Werkacra, or Workacra, a ploughing service.

Werkhop, a measure of grain containing 2½ bushels.

Wista, a virgate or yardland.

Westminster: Printed by NICHOLS & SONS, 25, Parliament Street.

Lightning Source UK Ltd.
Milton Keynes UK
UKOW01f1911041117
312152UK00014B/890/P